新装版 やさしいあやとり

野口廣

みんなで遊ぼう！ 59 のあやとり

JN051829

主婦の友社

もくじ

はじめに …………………………… 4

**あやとりを
はじめる
まえに** ………………………… 4

1 あやとりひものえらびかた
2 あやとりひもの長さ
3 あやとりひものつくりかた

**はじめに
おぼえて
おきましょう** ……………… 6

1 てとゆびのよびかた
2 とりかたのやくそく
3 きほんのかまえ

**この本の
マークのみかた** ………………… 8

ひとりでできる
かんたんあやとり …… 9

バスケット ……………………… 10
スノーボート …………………… 11
おやすみ、あかちゃん ………… 12
おそうじほうき ………………… 14
ヨット …………………………… 16
せんす …………………………… 18
やさしいちょうちょ …………… 20
やさしいふじ山 ………………… 22
おおきなどんぶり ……………… 24
キューピッドのや ……………… 26
東京タワー ……………………… 28
とんがりめがね ………………… 30
7つのダイヤ …………………… 32
9つのダイヤ …………………… 34
おおきなお星さま ……………… 36
くもとお月さま ………………… 38
おおきなさかな ………………… 40
きれいなお花 …………………… 42
ねずみの顔 ……………………… 44
とんぼ …………………………… 46
やさしいかめ …………………… 48
ぴょんぴょんうさぎ …………… 50
メガホン ………………………… 52
1だんばしご …………………… 54
2だんばしご …………………… 56
3だんばしご …………………… 58
4だんばしご …………………… 60
5だんばしご …………………… 62
6だんばしご …………………… 64

動く！へんしん！
おもしろあやとり … 65

のびちぢみゴム１ ……… 66
のびちぢみゴム２ ……… 67
ぱちぱちウインク ……… 68
びゅんびゅんやりなげ ……… 70
ぎっこんばったんはたおりき 72
ぱくぱくはまぐり ……… 74
ぱたぱたこうもり ……… 76
２ひきのさかな ……… 78
ちいさなふんすい ……… 80
ぴかぴか星 ……… 82
はまぐり➡とんぼ ……… 84
やね➡おおきなどんぶり➡
　　まめでんきゅう ……… 86
かに➡なっとう➡女の子 … 88
あさがお➡おだいりさま … 90
あみ➡おこと➡ハンモック➡
　　バリカン ……… 92
てっきょう➡かめ➡ゴム➡
　　ひこうき➡かぶと➡
　　おたまじゃくし ……… 94

びっくり！楽しい！
みんなであやとり …… 99

ひものおさんぽ ……… 100
すいすいひもぬき１ ……… 102
すいすいひもぬき２ ……… 104
すいすいひもぬき３ ……… 105
コインおとし ……… 106
てくびぬき ……… 108
りょうてぬき ……… 110
"か"がきえた ……… 112
こおりのおうち ……… 114
ジェット機 ……… 116
ぴょんぴょんかえる ……… 118
さかなとりあみ ……… 120
ボートとあみ ……… 122
あやとりゲーム ……… 123

はじめに

　あやとりは、むかしながらの日本のあそび、とおもっている人がいるかもしれません。しかし、じつは、せかいじゅうのたくさんの国で、ふるくからしたしまれてきたあそびです。

　あやとりは、たった1本のひもがあれば、いつでも、どこでも、だれとでもたのしむことができる、すてきなあそびです。1本のひもがつくりだすふしぎなせかいを、ひとりでも、また、おともだちやかぞくといっしょに、たのしめるようなあやとりをえらんでみました。あやとりひものいろも、いろいろかえてあそんでください。とれたあやとりは、おうちの人やおともだちにみせたり、おしえたりしましょう。

野口 廣

あやとりを はじめる まえに

1 あやとりひもの えらびかた

　あやとりのひもは、おみせでかえますが、じぶんでつくることもできます。しっかりしたかたちのあやとりをとるには、アクリル製などで太めのひもをえらびます。うごかしてあそぶあやとりにはすべりのよいレーヨンやナイロン製で細めのひもがよいでしょう。

　おうちにあるひもで、7ページのなかゆびのかまえや、ひとさしゆびのかまえをためしてみて、つかいやすいとおもったひもをえらびましょう。

2 あやとりひもの 太さと長さ

　ひもの太さは、一般的には直径2〜3ミリくらいのものがむいています。ただし、あやとりのかたちによってもっと太いものや、細いものがむいていることがあります。

　ひもの長さは、こどもなら140〜160センチくらい、おとななら165〜180センチくらいのものがつかいやすいでしょう。

　あやとりのできあがりが、ひもの長さによってちがったかたちにみえることもあります。ちがう長さのあやとりひもをなん本かよういして、あそびながらためしてみましょう。

3 あやとりひものつくりかた

ひものむすびかた

1 ひものいっぽうのはしに、わをつくります。

2 はんたいのひものはしで、おなじようにわをつくり、このように **1** のひものはしをなかにとおします。はんたいのひものはしは、**1** のひものわにとおします。

3 左右のひものはしをぎゅっとひっぱって、むすびめをひきしめます。

　むすびめがひきしまったら、よぶんなひもをはさみできって、できあがりです。むすびめがおおきいと、あやとりをしているときにひっかかってとりにくくなります。しっかりひもをひっぱって、むすびめをひきしめましょう。

せっちゃくざいでくっつける

ひもをむすばないで、せっちゃくざいでくっつけるやりかたもあります。せっちゃくざいをつかうばあいは、おとなの人にてつだってもらいましょう。

1 ひものいっぽうのはしに、せっちゃくざいをつけます。

2 はんたいのはしをあわせます。

　ひもは、はしとはしをできるだけぴったりとあわせます。ひもがずれたままくっついてしまうと、ひもにでこぼこができて、とりにくくなることがあります。せっちゃくざいがしっかりかわくまでは、あわせめをうごかしたり、まげたり、ひもをひっぱったりしないように、きをつけましょう。

はじめに
おぼえて
おきましょう

1 てとゆびのよびかた

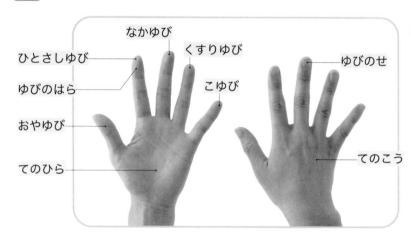

なかゆび
ひとさしゆび
くすりゆび
ゆびのはら
こゆび
ゆびのせ
おやゆび
てのひら
てのこう

ゆびのせは、ゆび先の
つめのあるがわをさし
ます。ゆびのはらは、
ゆび先のてのひらのが
わをさします。

2 とりかたのやくそく

ゆびのせ でとる

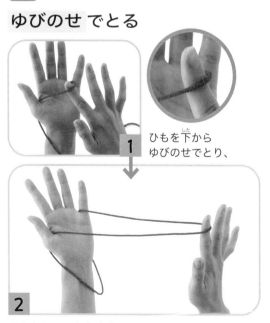

1

ひもを下から
ゆびのせでとり、

2

ひもをひいてとります。

ゆびのはらでとる

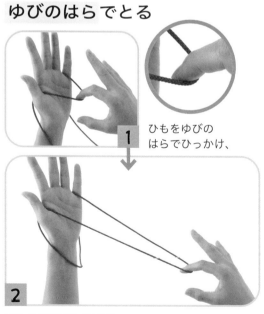

1

ひもをゆびの
はらでひっかけ、

2

ひもをひいてとります。

③ きほんのかまえ

はじめのかまえ

ひも、りょうてのおやゆびとこゆびにかけたじょうたいです。

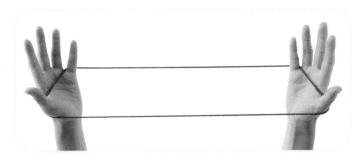

なかゆびのかまえ

1 はじめのかまえから、まず、右手_{みぎて}のなかゆびのせで、このようにひもをとります。

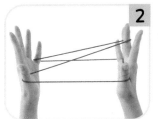

2 とったところ。

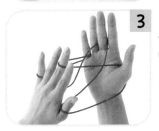

3 つぎに、左手_{ひだりて}のなかゆびのせで、このように右手_{みぎて}のひもをとります。

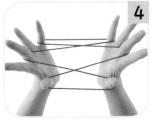

4 これで、なかゆびのかまえのできあがりです（上_{うえ}からみたところ）。

ひとさしゆびのかまえ

1 はじめのかまえから、まず、右手_{みぎて}のひとさしゆびのせで、このようにひもをとります。

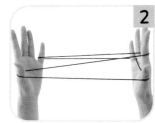

2 とったところ。

3 つぎに、左手_{ひだりて}のひとさしゆびのせで、このように右手_{みぎて}のひもをとります。

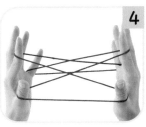

4 これで、ひとさしゆびのかまえのできあがりです（よこからみたところ。ここでは、なかゆびのかまえとのちがいがよくわかるように、ひとさしゆびの上のほうにひもをかけています）。

この本の マークのみかた

この本にでてくるおもなマークのいみをまとめました。
あやとりをはじめるまえに、みておきましょう。

 このマークは、「◆のひもをはずさないで◇のひもだけをはずす」どうさを、おこなうひもをしめします。

 このマークは、上から（▼）、または、下から（▲）ゆびや手をいれるばしょをしめします。

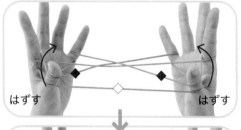
はずす　　　はずす

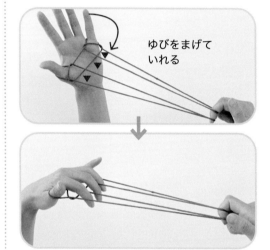
ゆびをまげていれる

 このマークは、ひもをひねったり、まきつけたりするほうこうや、ゆびや手をうごかすほうこうをしめすマークです。

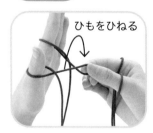
ひもをひねる

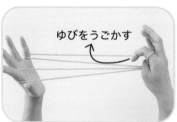
ゆびをうごかす

手をうごかす

そのほかのマーク

ゆびでとる、おさえる、ひっぱる、つまむ、はずすなどのどうさをおこなうひもをしめすマークです。
おもに、● ◎ ◉ ○ △ ★ ☆ ■ □ をつかっています。

ひとりでできる

かんたん
あやとり

バスケット

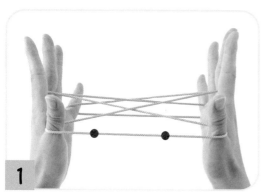

1 7ページのなかゆびのかまえからはじめます。

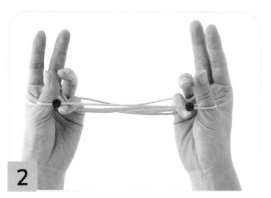

2 こゆびで●のひもをとります。

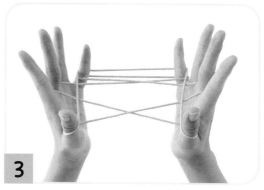

3 とりおわったかたち。

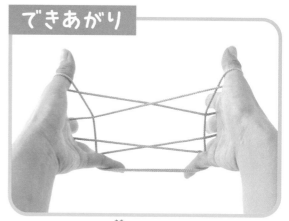

りょうてのゆび先をむこうにむけると、**「バスケット」**のできあがり。

スノーボート

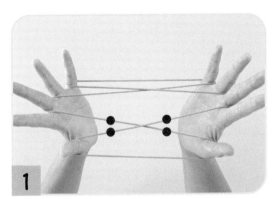

1

なかゆびのかまえからはじめます。まず、
おやゆびのはらで●のひもをいっしょに
おさえます。

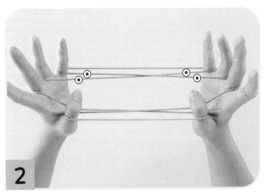

2

おさえているところ。つぎに、こゆびの
はらで◉のひもをいっしょにおさえます。

できあがり

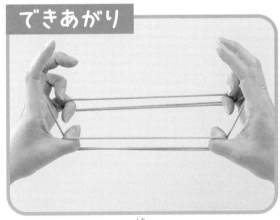

おやゆびとこゆびを下にぐっとおしさげ
て、「**スノーボート**」のできあがり。

11

おやすみ、あかちゃん

りょうてのかたちが、
あかちゃんをだっこ
しているみたいだね。

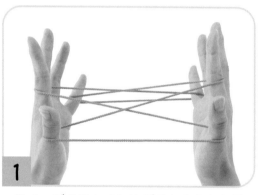

1

7ページのひとさしゆびのかまえからはじめます。

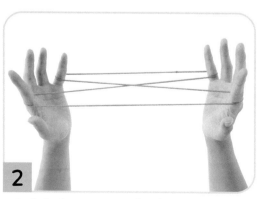

2

おやゆびのひもをはずします。

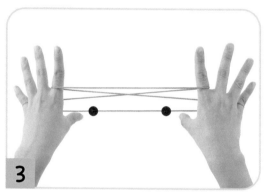

3

そのまま、りょうてのてのひらをむこうへむけます。つぎに、おやゆびで●のひもをとります。

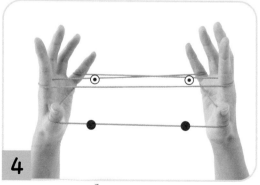

4

とりおわって手をもどすと、このようになります。こんどは、おやゆびで◉のひもをとります。

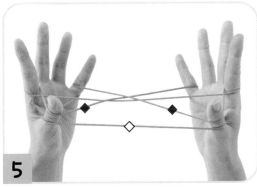

5 とりおわったかたち。これから、 6 、 7 をみながら、おやゆびの◆のひもをはずさないで◇のひもだけをはずします。

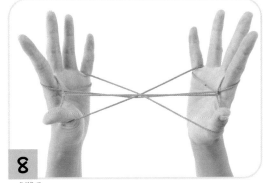

8 左手(ひだりて)のひももおなじようにはずします。はずしおわったかたちはこのようになります。

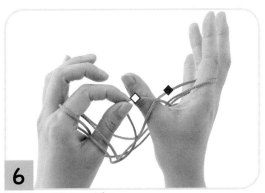

6 まず、左手(ひだりて)で右手(みぎて)の◇のひもをつまんで、

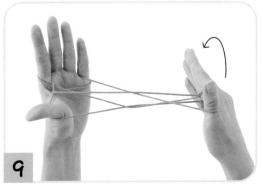

9 右(みぎ)の手のひらを上(うえ)にむけてむこうにうごかして、

このはずしかたは、なんどもでてくるからおぼえてね。

7 はずします。

でき**あがり**

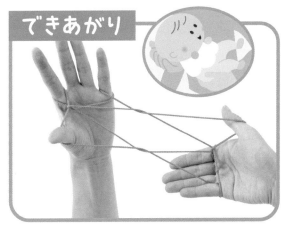

ひもをひねると、「**おやすみ、あかちゃん**」のできあがり。

おそうじほうき

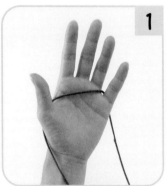

1 左手(ひだりて)のおやゆびとこゆびに、このようにひもをかけます。

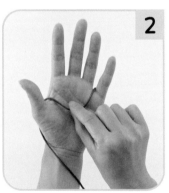

2 右手(みぎて)でてのひらのひもをとってひっぱります。

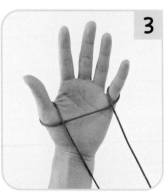

3 ひっぱりおわったかたち。

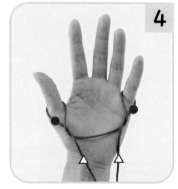

4 もういちど、右手(みぎて)でてのひらのひもをとってひっぱります。ひっぱりおわると、左手(ひだりて)のひもはこのようになります。

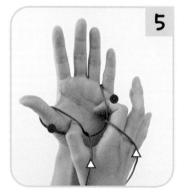

5 てまえから△のひものあいだに右手(みぎて)をいれて、おやゆびとひとさしゆびで●のひもをひきだします。

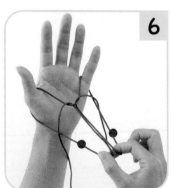

6 ひきだしているところ。

14

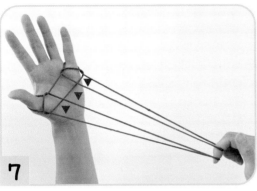

7

ひきだしおわったかたち。つぎに、▼に左手のひとさしゆびとなかゆびとくすりゆびを、まげていれます。

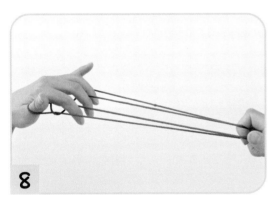

8

いれているところ。

9

右手のひもを左手のこうにまわします。

10

左手をおこします。〇のひもをつまんで、

でき あ が り

ゆっくりひっぱると、**「おそうじほうき」**のできあがり。

ヨット

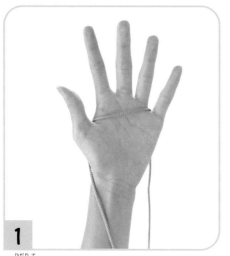

1 左手のおやゆびとこゆびに、このようにひもをかけます。

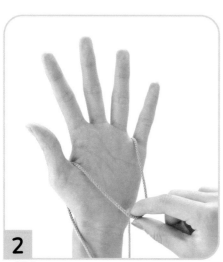

2 右手でてのひらのひもをとってひっぱります。

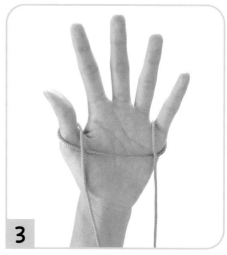

3 ひっぱりおわったかたち。これから**2**をみながらもういちど、右手でてのひらのひもをとってひっぱります。

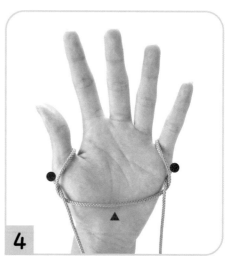

4 ひっぱりおわったかたち。つぎに▲に右手をいれておやゆびとひとさしゆびで●のひもをひきだします。

16

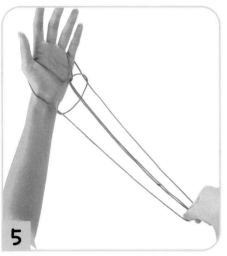

5 ひきだしおわったかたち。

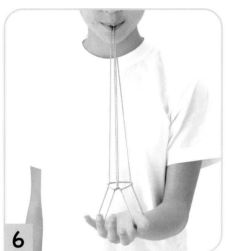

6 右手のひもをぜんぶ口にくわえて、

8 こゆびのひもをぬいて、右手でもちます。

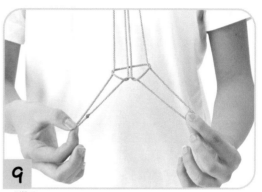

9 左手のおやゆびのひもを、このようにもちます。

できあがり

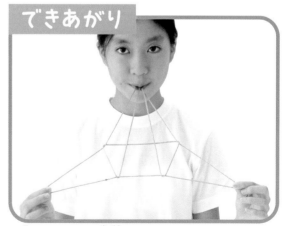

手をゆっくり左右にひらくと、「**ヨット**」のできあがり。

せんす

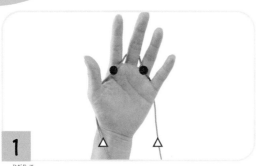

1

左手のおやゆびとなかゆびとこゆびにひもをかけます。

2

むこうがわから△のひものあいだに右手をいれて、おやゆびとひとさしゆびで●のひもをとってひっぱります。

3

ひっぱりおわったかたち。

4

左手のひとさしゆびとなかゆびとくすりゆびを、▼にこのようにまげていれます。

5

右手のひもを左手のこうにまわします。

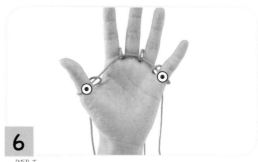

6

左手をおこします。これから **7** をみながら◉のひもをとります。

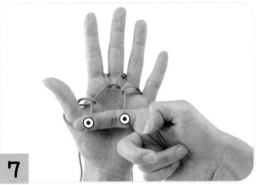

7

右手のひとさしゆびで、このように **6** の
⊙のひもをとります。

8

ひもを下にひっぱります。

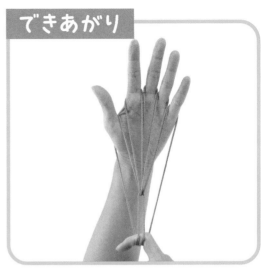

できあがり

「**せんす**」のできあがり。

あやとりいろいろ

あやとりはせかいきょうつうのあそび？

あやとりは、わになったひもが1本あれば、いつでもどこでも、ひとりでもはじめられる、てがるなあそびです。そのため、せかいじゅうのたくさんのちいきと、ひとびとのあいだに、むかしから、つたわってきました。

日本にふるくからつたわるあやとりは、りょうてのなかゆびをつかうものがおおく、そのほかのちいきのあやとりでは、りょうてのひとさしゆびをつかうことがおおいようです。

きほんのかまえに「ひとさしゆびのかまえ」と「なかゆびのかまえ」があるのはそのためです。

やさしいちょうちょ

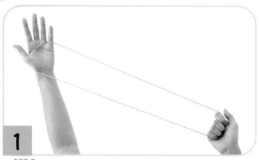

1 左手のおやゆびとこゆびにひもをかけて、ひものはしを右手でつかみます。

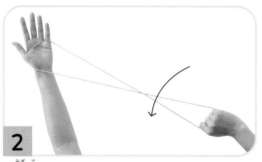

2 右手を→のほうこうにたおして、ひもをひねります。

3 そのひもを右手のおやゆびとこゆびにかけます。

4 つぎに、右手のなかゆびで左手のてのひらのひもをとります。

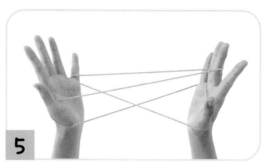

5 とったところ。

6 こんどは、おなじように、左手のなかゆびで右手のてのひらのひもをとります。

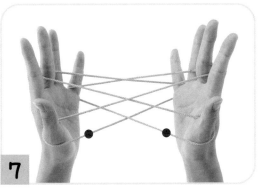

7

とりおわったかたち。これから、 **8** 、 **9** をみながら、こゆびで●のひもをとります。

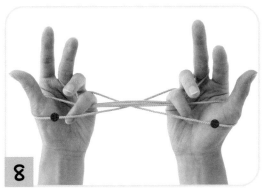

8

こゆびでとっているところ。

9

とりおわったかたち。

できあがり

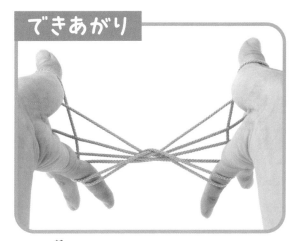

ゆび先をむこうにむけると、「**やさしいちょうちょ**」のできあがり。

やさしいふじ<ruby>山<rt>さん</rt></ruby>

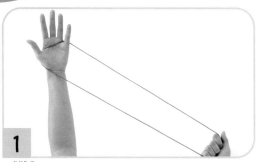

1

左手のおやゆびとこゆびにひもをかけて、ひものはしを右手でつかみます。

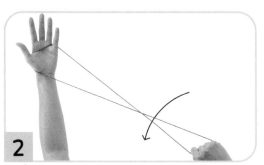

4

とっているところ。

2

右手を→のほうこうにたおして、ひもをひねります。

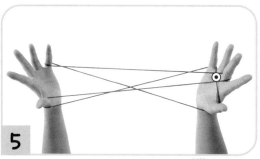

5

とりおわったかたち。これから左手のなかゆびで◉のひもをとります。

3

そのひもを右手のおやゆびとこゆびにかけます。つぎに、右手のなかゆびで●のひもをとります。

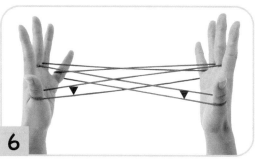

6

とりおわったかたち。これから、りょうてのひとさしゆび、なかゆび、くすりゆび、こゆびをまげて、▼にいれます。

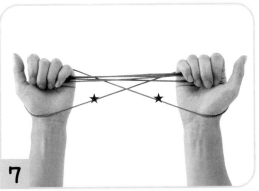

いれたかたち。これから、8、9をみながら、★のひもをむこうにまわしてはずします。

ゆび先をたてるようにして、★のひもをひっかけ、

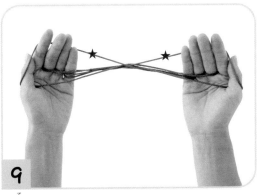

手のこうのほうにまわしながら、おやゆびからひもをはずします。

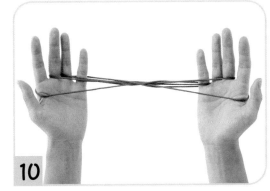

ひもをむこうにまわしおわったかたち。

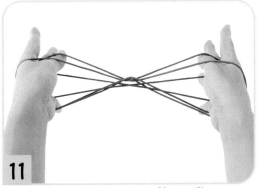

ゆび先をむこうにむけ、上の2本のひもの下におやゆびをいれます。

できあがり

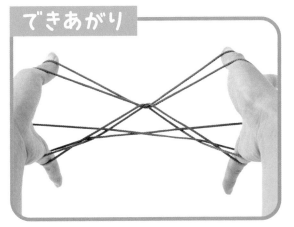

りょうてのおやゆびをたかくあげると、**「やさしいふじ山」**のできあがり。

おおきなどんぶり

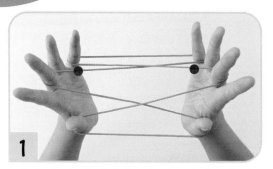

1

なかゆびのかまえからはじめます。まず、おやゆびで●のひもをとります。

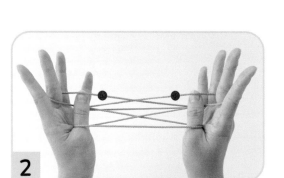

2

おやゆびでとっているところ。

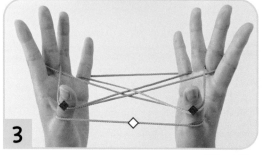

3

とりおわったかたち。これから、 4 、 5 をみながら、おやゆびの◆のひもをはずさないで◇のひもだけをはずします。

4

まず、左手のひもがはずれないようにちゅういして、右手のおやゆびの◇のひもをつまんで、

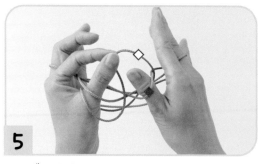

5

はずします。

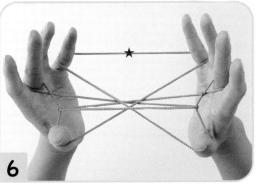

6

左手のひももおなじようにはずします。はずしおわったかたちはこのようになります。つぎに、こゆびの★のひもをはずします。

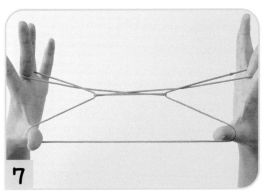

7

はずしおわったかたち。

できあがり

ゆび先をむこうにむけると、「**おおきなどんぶり**」のできあがり。

「さかずき」とよばれるあやとりとやりかたはおなじだよ。さかずきは、日本酒をのむときにつかうちいさなうつわのことだよ。

あやとり いろいろ

日本人は「どうぐ」ずき？

あやとりは、せかいのたくさんの国やちいきにつたわっていますが、「星」のかたちをつくるあやとりがおおくつたわるちいきや、「どうぶつ」のかたちをつくるあやとりがおおいちいきなど、それぞれにとくちょうがあるようです。日本では、むかしからつたわる

あやとりには、ほうきやはたおりきなど、「どうぐ」をあらわすものがおおくあります。このことから、むかしのひとびとは、じぶんたちのせいかつにみぢかでたいせつなものを、あやとりでつくってきたことがわかりますね。

キューピッドのや

25ページの「おおきなどんぶり」のできあがりからはじめます。

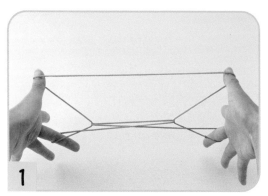

1 25ページの「**おおきなどんぶり**」のできあがりから、

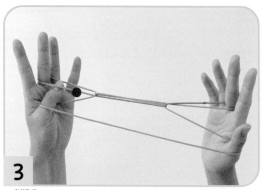

3 左手のおやゆびで●のひもをとります。

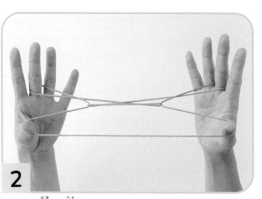

2 ゆび先を上にして、てのひらをじぶんのほうにむけます。

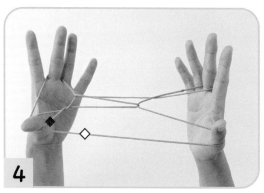

4 とりおわったかたち。これから、5、6をみながら、左手のおやゆびの◆のひもをはずさないで◇のひもだけをはずします。

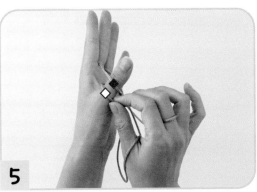

5 まず、右手でおやゆびの◇のひもをつまんで、

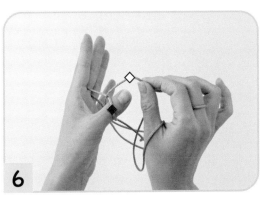

6 はずします。

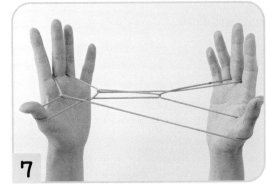

7 はずしおわったかたち。

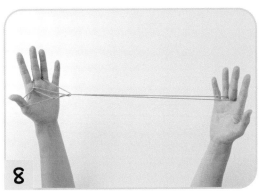

8 つぎに、右手のおやゆびをひもからぬきます。

できあがり

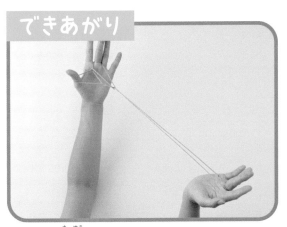

ひもを左右にひっぱると、「**キューピッドのや**」のできあがり。

東京タワー

このあやとりは、「エッフェルとう」とよばれることもあるんだよ。フランスのパリにあるおおきなとうのことだよ。

長いひもをつかうと、おおきな東京タワーができるよ。

25ページの「おおきなどんぶり」のできあがりからはじめます。

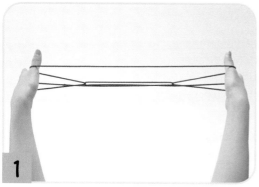

1 25ページの「**おおきなどんぶり**」のできあがりから、

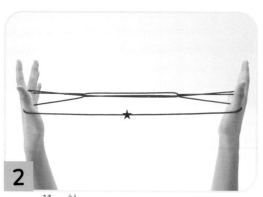

2 ゆび先を上にむけます。

3 ★のひもを口にくわえます。

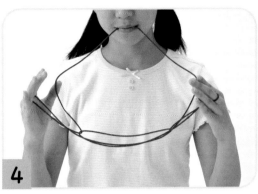

4

りょうてのおやゆびをひもからぬきます。

でき あがり

ひもを下にひきながら左右にひっぱると、
「東京タワー」のできあがり。

チャレンジ

こんなやりかたの「東京タワー」もあるよ。

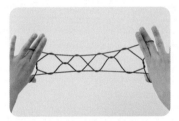

1 61ページの「**4だんばしご**」
のできあがりから、

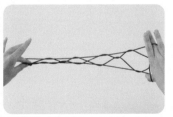

2 左手のおやゆびとなかゆびの
ゆび先をあわせてたてにすると、

「4だんばしご」の
つくりかたは
60〜61ページだよ。

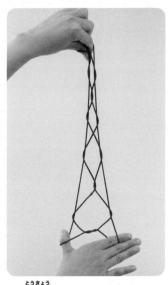

3「**東京タワー**」のできあがり。

とんがりめがね

短いひもをつかってね。

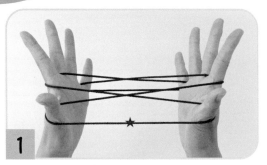

1

ひとさしゆびのかまえからはじめます。
まず、おやゆびの★のひもをはずします。

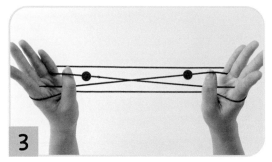

3

おやゆびでとっているところ。

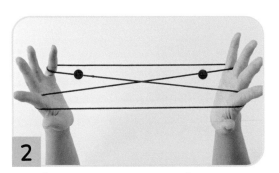

2

はずしおわったかたち。つぎに、おやゆ
びで●のひもをとります。

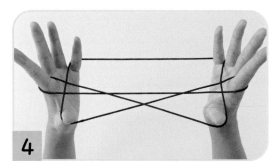

4

とりおわったかたち。

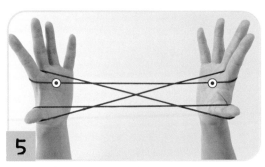

5

こゆびのひもをはずします。つづいて、
おやゆびで◉のひもをとります。

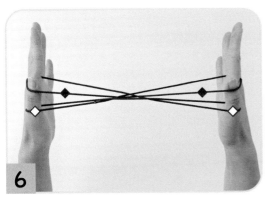

6

とりおわったかたち。これから、おやゆび
の◆のひもをはずさないで◇のひもだけ
をはずします。じょうずにはずせないと
きは、13ページの **6** 、 **7** をみてください。

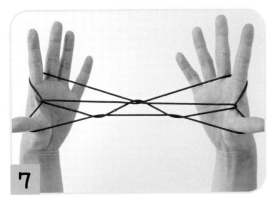

7

はずしおわったかたち。

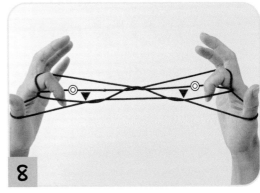

8

つぎに、▼にひとさしゆびをまげていれ
ます。ひとさしゆびにかかっているひも
が、しぜんにはずれます。ひとさしゆび
で◎のひもをひっかけるようにして、

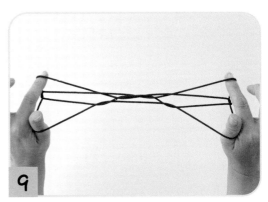

9

てのひらをむこうにむけながら、ひとさ
しゆびをのばすと、

できあがり

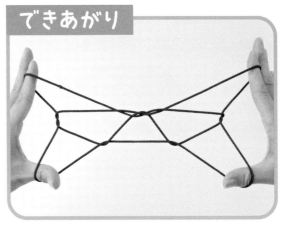

「**とんがりめがね**」のできあがり。

7つのダイヤ

短いひもをつかうと、きれいなダイヤができるよ。

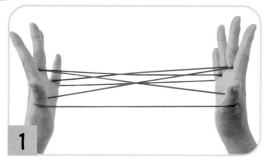

1 なかゆびのかまえからはじめます。

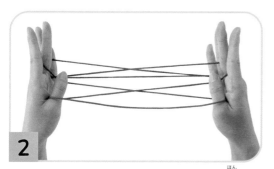

2 りょうてのおやゆびで、てまえの2本のひもをおさえます。

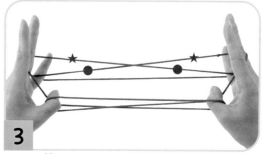

3 ゆび先をむこうにむけます。これから、4、5をみながら、おやゆびのせで●のひもをとって、★のひもの下からひきだしします。

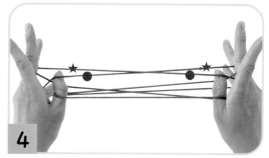

4 おやゆびでひもをひきだしているところ。

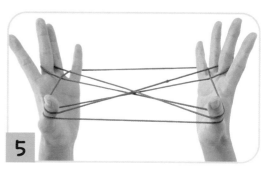

5 ひきだしおわったかたち。

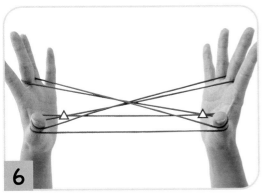

6

こゆびのひもをはずします。つづいて、なかゆびのひもの上から、こゆびで△のひも2本をいっしょにとります。

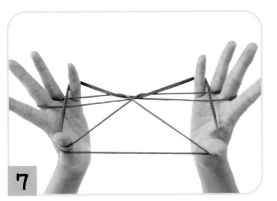

7

とりおわったかたち。

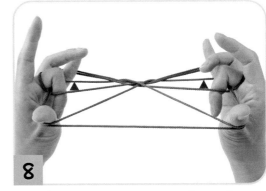

8

つぎに、このようになかゆびをまげて▲にいれ、てのひらのひもをおさえます。

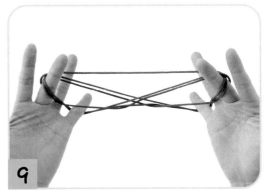

9

ゆび先をむこうにむけて、おやゆびのひもをはずします。

できあがり

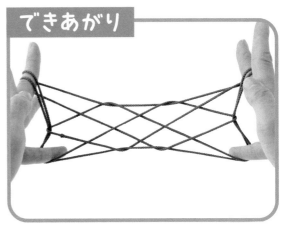

りょうてのなかゆびとこゆびをひらくと、**「7つのダイヤ」**のできあがり。

9つのダイヤ

長いひもをつかったほうが、つくりやすいよ。

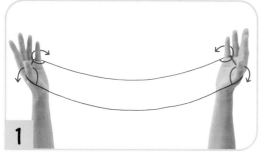

1
はじめのかまえからはじめます。まず、りょうてのおやゆびとこゆびに、このように→のほうこうにひもを1かいずつまきつけます。

2
まきつけおわったかたち。

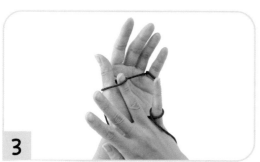

3
つぎに、右手のくすりゆびで、左手のおやゆびのひもをとります。

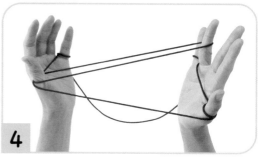

4
とりおわったかたち。

5
つづいて、右手のひとさしゆびで、左手のこゆびのひもをとります。

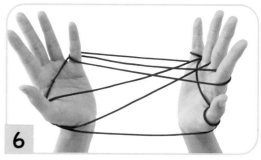

6
とりおわったかたち。

34

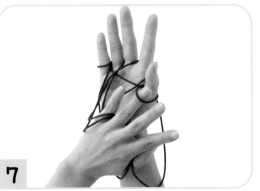

7

こんどは、左手のくすりゆびで、右手の
おやゆびのひもをとります。

9

さいごに、左手のひとさしゆびで、右手
のこゆびのひもをとります。

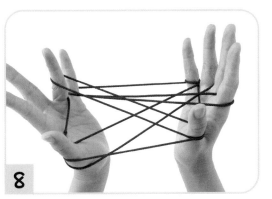

8

とりおわったかたち。

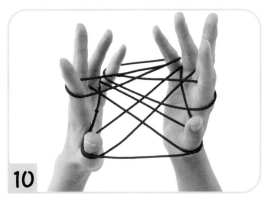

10

とりおわったかたち。

できあがり

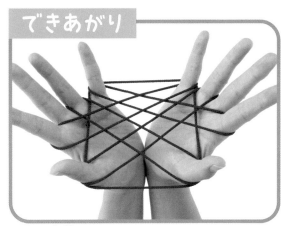

手を左右にひらくと、「9つのダイヤ」
のできあがり。

おおきなお星さま

短いひもでつくると、きれいなお星さまができるよ。

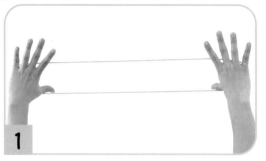

1

てのひらをむこうにむけたじょうたいで、りょうてのおやゆびとこゆびにひもをかけます。

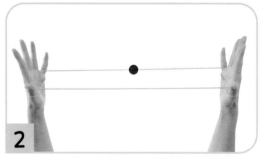

2

おやゆびのひもをひっかけるようにして、てのひらをむかいあわせます。まず、おやゆびで●のひもをとります。

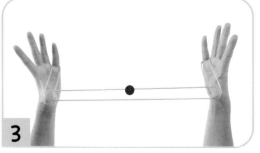

3

とりおわったかたち。つぎに、こゆびで●のひもをとります。

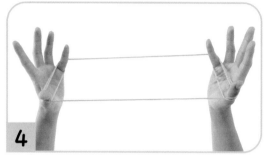

4

とりおわったかたち。

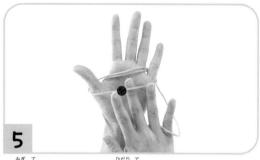

5

右手のなかゆびで左手の●のひもをとります。

6

とったところ。つぎに、おなじように、左手のなかゆびで右手の●のひもをとります。

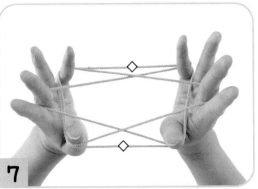

7

とりおわったかたちを上からみたところ。これから、8 〜 10をみながら、◇のひもをはずします。

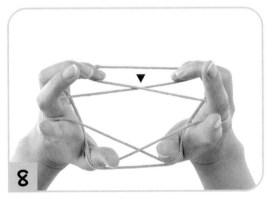

8

まず、▼にこゆびをまげていれます。

9

ひもはしぜんにはずれます。

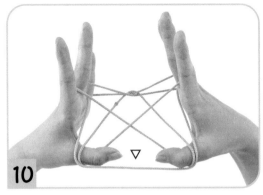

10

つぎに、▽におやゆびをまげていれ、おなじようにひもをはずします。

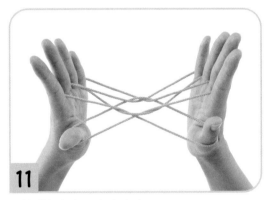

11

はずしおわったかたち。

できあがり

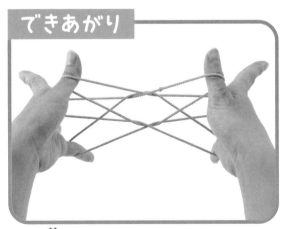

ゆび先をむこうにむけて、「**おおきなお星さま**」のできあがり。

くもとお月さま

長いひもをつかうと、きれいなお月さまができるよ。

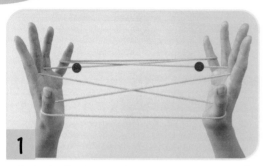

1

なかゆびのかまえからはじめます。まず、おやゆびで●のひもをとります。

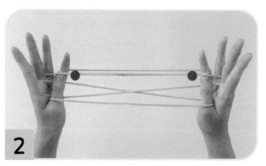

2

おやゆびでとっているところ。

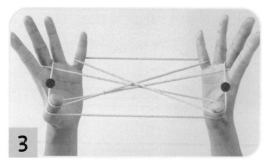

3

とりおわったかたち。これから、りょうてのひとさしゆびで●のひもをとりあいます。

4

まず、右手のひとさしゆびでひもをとっているところ。

5

つぎに、左手のひとさしゆびでひもをとります。

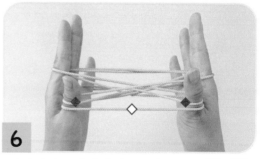

6

とりおわったかたち。これから、7、8をみながら、おやゆびの◆のひもをはずさないで◇のひもだけをはずします。

7 まず、左手で右手の◇のひもをつまんで、

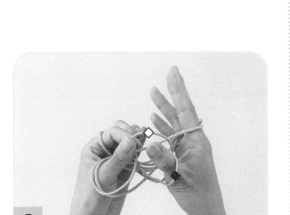

8 はずします。

9 左手のひももおなじようにはずすと、このようになります。はずしたひもは、ひっぱらずにたるませておきます。

できあがり

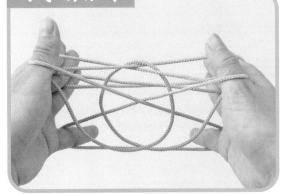

りょうてのゆび先をむこうにむけると、「**くもとお月さま**」のできあがり。

あそんでみましょう

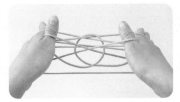

りょうてのこゆびをひらいたりとじたりすると、お月さまが上にのぼっていくよ。

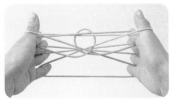

さらに、こゆびをひらいたりとじたりすると、

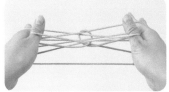

お月さまがどんどんちいさくなっていくね。

おおきなさかな

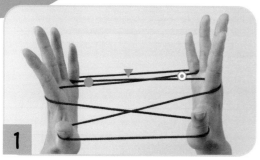

1

ひとさしゆびのかまえからはじめます。
これから、 2 、 3 をみながら、ひとさし
ゆびをまげて▼にいれ、●と◉の２本の
ひもをいっしょにとります。

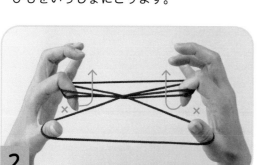

2

ひとさしゆびでひもをとっているところ。
そのまま、ひとさしゆびを→のほうこう
にうごかして×からだします。

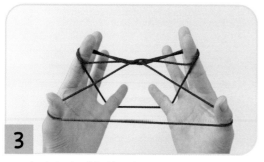

3

ひとさしゆびをだしたところ。

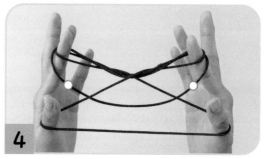

4

りょうてのこゆびをひもからぬきます。
はずしたひもはこのようにたるませてお
きます。

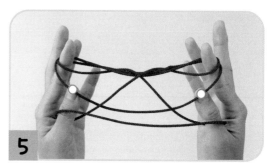

5

つぎに、おやゆびでさがっているひもを
○のところでとります。

6

とりおわったかたち。つぎに、りょうて
のおやゆびの◆のひもをはずさないで◇
のひもだけをはずします。

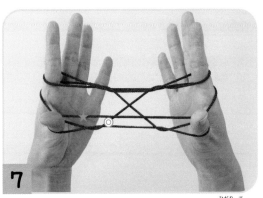

7

はずしおわったかたち。これから、左手（ひだりて）のこゆびのはらで、★のひもの下（した）から、◎のひもをてのひらにおさえます。

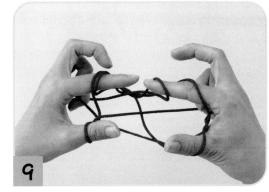

9

ひとさしゆびをうちがわにたおして、ひもからひとさしゆびをぬきます。こゆびのひもがはずれないように、りょうてのこゆびをしっかりまげておきます。

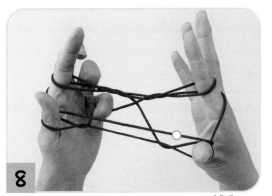

8

おさえているところ。こんどは、右手（みぎて）のこゆびのはらで、○のひもをてのひらにおさえます。

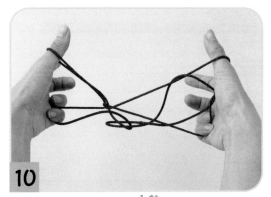

10

りょうてをゆっくり左右（さゆう）にひっぱると、

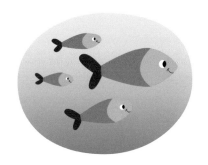

できあがり

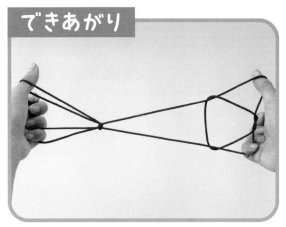

「**おおきなさかな**」のできあがり。

きれいなお花

1

右手はおやゆびだけ、左手はおやゆびと
こゆびにひもをかけます。これから、右
手のこゆびのはらで●のひもをとります。

2

とっているところ。

3

そのまま、こゆびでひもをひきだして、

4

りょうてをむかいあわせます。

5

むかいあわせたかたち。つぎに、ひとさ
しゆびで◉のひもをとります。

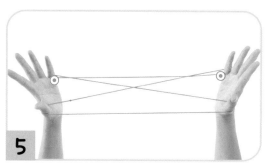

6

とったかたち。つぎにりょうてのなかゆ
びで◎のひもをとりあいます。

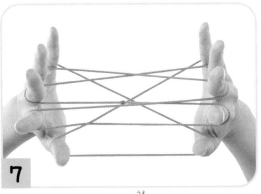

7

とりおわったかたちを上からみたところ。

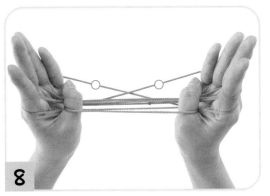

8

りょうてのおやゆびでてまえのひもをぜんぶおさえて、おやゆびでこゆびの○のひもをとります。

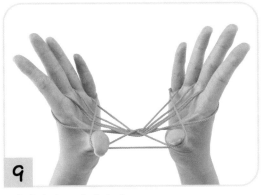

9

とりおわったかたち。

10

よこからみるとこのようになります。つぎに、おやゆびの◆のひもをはずさないで◇のひもだけをはずします。

11

はずしおわったかたち。てのひらを左右にうごかしながら、まんなかにむすびめをつくります。

できあがり

ぜんぶのひもをゆびからはずして、たいらなところにおいてかたちをととのえると、「**きれいなお花**」のできあがり。

ねずみの顔

短いひもをつかってね。

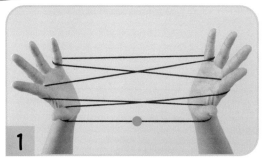

1

ひとさしゆびのかまえからはじめます。これから **2** をみながら、くすりゆびで● のひもをとりながら、おやゆびをひもからぬきます。

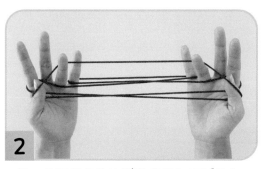

2

りょうてのおやゆびをすこしまげると、じょうずにひもからぬけます。

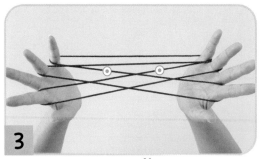

3

とりおわったかたちを上からみたところ。つぎに、こゆびで◉のひもをとります。

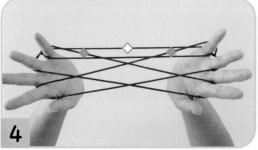

4

とりおわったかたち。こんどは、りょうてのこゆびの◆のひもをはずさないで◇のひもだけをはずします。

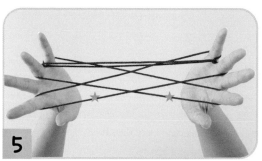

5

はずしおわったかたち。つぎに、りょうてのひとさしゆびの★のひもをはずして、手を左右にひっぱります。

6

はずしおわったかたち。こんどは、おやゆびでぜんぶのひもを下からとります。てのひらをむこうにむけてからとると、かんたんにとれます。

7

とりおわったかたち。つぎに、ひとさしゆびで◎のひもをとりあいます。

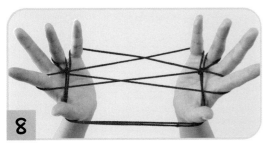

8

とりおわったかたち。つづいて、りょうてのおやゆびとこゆびをひもからぬいて、手を左右(さゆう)にひっぱります。

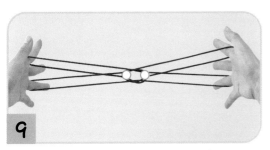

9

ひっぱりおわったかたち。こんどは、りょうてのおやゆびで○のひもを下(した)からとります。

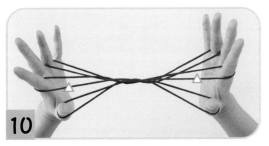

10

とりおわったかたち。さらに、おやゆびで△のひもをとります。

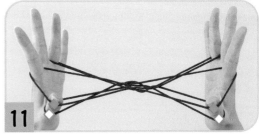

11

とりおわったかたち。おやゆびの◆のひもをはずさないで◇のひもだけをはずします。

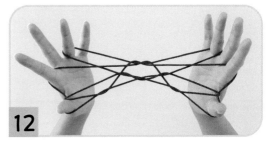

12

はずしおわるとこのようになります。りょうてのひとさしゆびをひもからぬいて、

できあがり

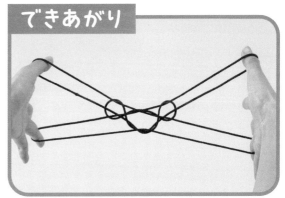

左右(さゆう)にゆっくりひもをひっぱると、「**ねずみの顔(かお)**」のできあがり。

とんぼ

短いひもをつかってね。

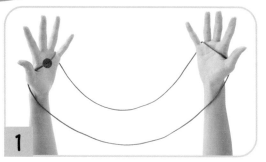

1 はじめのかまえをします。これから **2** をみながら、右手のひとさしゆび、なかゆび、くすりゆびを上からに●いれます。

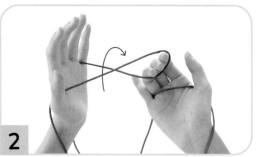

2 右手のはらで左手のひもをひっぱって、→のほうこうに１かいひねります。

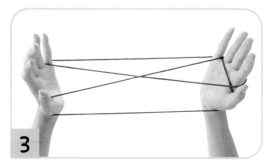

3 ひねったひもを、そのままゆびにかけます。

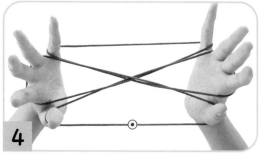

4 左手も **2** 、 **3** とおなじようにして、３本のゆびにひもをかけます。つぎに、なかゆびで◉のひもをとります。

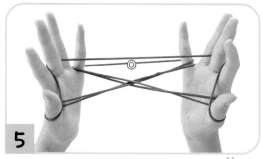

5 こんどは、おやゆびでほかのひもの上から◎のひもをとります。

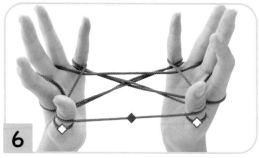

6 とりおわったかたち。おやゆびから◆のひもをはずさないで◇のひもだけをはずします。

7

はずしおわったかたち。

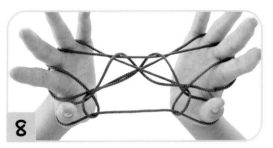

8

りょうてのこゆびのひもをはずします。

9

つぎに、左手で、右手のなかゆびの上の
ひもをはずします。左手のなかゆびのひ
もも、おなじようにしてはずします。

10

こんどは、左手で、右手のひとさしゆび
となかゆびとくすりゆびにかかっている
ひもを、ひとさしゆびだけにかけます。
左手のひもも、おなじようにして左手の
ひとさしゆびだけにかけます。

11

からまっているひもをりょうてのこゆび
でほぐします。

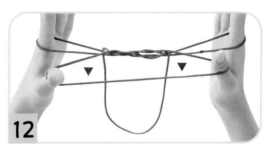

12

ほぐれたひもを▼のなかにとおします。

できあがり

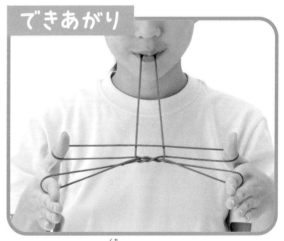

とおしたひもを口にくわえてひっぱると、
「**とんぼ**」のできあがり。

9でなかゆびから
ぬいたひもは
ひっぱらないで。
じょうずに
11でほぐしてね。

やさしいかめ

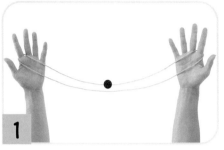

1

りょうてのひとさしゆびにひもを
かけます。まず、おやゆびで●の
ひもをとります。

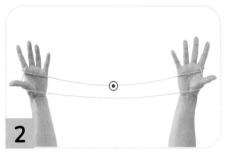

2

とったところ。つぎに、こゆびで
◉のひもをとります。

3

とりおわったかたち。これから 4 、
5 、6 をみながら、左右のひとさ
しゆびのひもをかけかえます。

4

まず、右手のひとさし
ゆびのひもを、わをこ
わさないように左手で
つまみ、ぬきとったら
右手でもちかえて、左
手のひとさしゆびの上
のほうにかけます。

5

つぎに、左手のひとさ
しゆびのひもを、わを
こわさないように右手
でつまんで、下からぬ
きとります。

6

ぬきとったひもを左手
でもちかえて、右手の
ひとさしゆびにかけま
す。

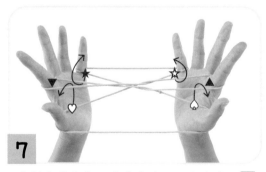

7

かけかえおわったかたち。これから、8 〜 11 を
みながら、♡のひもを▼からひきだして、もとの
ゆびにもどします。★、♤、☆のひももも▲からひ
きだして、もとのゆびにもどします。

48

8 まず、▼のなかに
ゆびをいれて、

9 おやゆびの♡のひ
もをつまんでぬき
とります。

10 ひもをねじらない
ようにちゅういし
ながら、▲からひ
きだして、

11 もとのおやゆびに
もどします。★、
☆のひももおなじ
ようにひきだして
もどします。

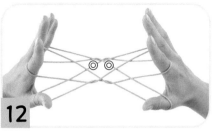

12

ぜんぶのひもをもどしおわったか
たち。こんどは、ひとさしゆびの
せで◎のひもを下からとります。

13

とっているところ。

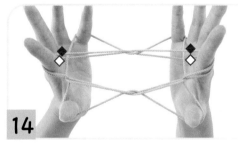

14

ひとさしゆびの◆のひもをはずさな
いで◇のひもだけをはずします。

できあがり

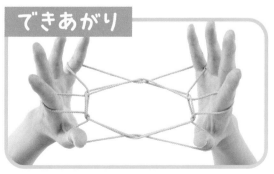

はずしおわったら、ひとさしゆびの
ひもを左右にひっぱると、「**やさし
いかめ**」のできあがり。

ぴょんぴょんうさぎ

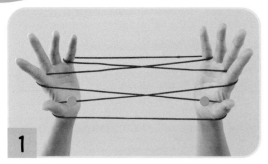

1

ひとさしゆびのかまえからはじめます。まず、ひとさしゆびで●のひもをとります。

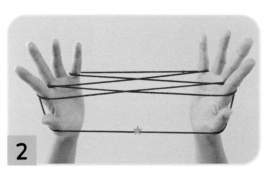

2

おやゆびの★のひもをはずします。

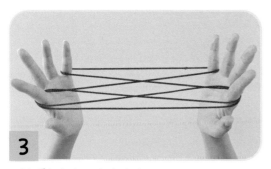

3

はずしおわったかたち。

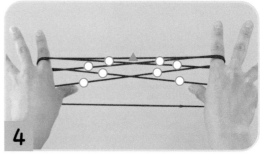

4

てのひらをむこうにむけます。おやゆびを▲からだして○のひも４本をぜんぶとります。

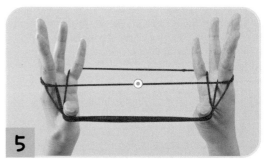

5

とりおわったかたち。これから、もういちど、ゆび先をむこうにむけて、おやゆびで◉のひもぐっとおしさげます。

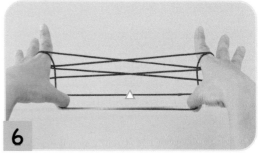

6

おしさげているところ。そのまま、おやゆびのせで△のひもをとります。

7

とりおわったら、手をもどします。つぎに、おやゆびで◎のひもをとります。

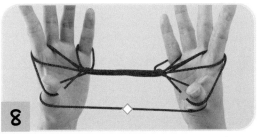

8

おやゆびの◆のひもをはずさないで◇のひもだけをはずします。おやゆびをうちがわにたおすと、ひもがしぜんにはずれます。

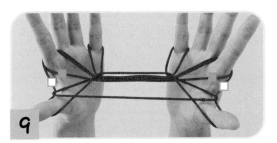

9

はずしおわったかたち。こんどは、ひとさしゆびの■のひもをはずさないで□のひもだけをはずします。

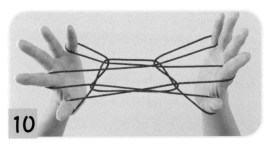

10

はずしおわったかたち。つぎに、▼にひとさしゆび、なかゆび、くすりゆびをまげていれて、ひもをにぎります。

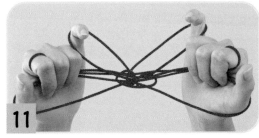

11

にぎっているところ。そのまま、こゆびをそっとひもからぬきます。

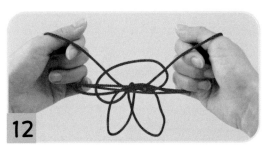

12

りょうてのひとさしゆびで、おやゆびのひもをとりながらゆびをおこします。おやゆびのひもは、しぜんにはずれます。

できあがり

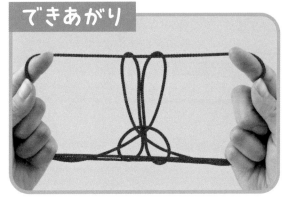

ひとさしゆびをたててひもをひっぱると、**「ぴょんぴょんうさぎ」**のできあがり。なかゆびとおやゆびで、かたちをととのえてあげましょう。

メガホン

長いひもをつかってね。

みなみアフリカのギアナに
つたわるあやとりだよ。
ギアナでは「フィッシュトラップ
（さかなとりのわな）」
とよばれているよ。

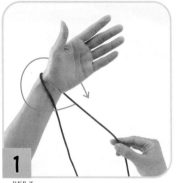

1 左手のてくびにひもをかけ
て、→のほうこうにまきつ
けます。

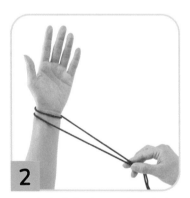

2 ひもをまとめてつまみます。

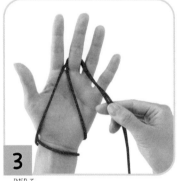

3 左手のひとさしゆびとなか
ゆびのあいだをとおして、
そのままなかゆびにひもを
かけます。

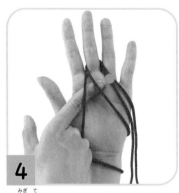

4 右手のひとさしゆびをての
ひらの2本のひもの下にい
れます。これから、ひとさ
しゆびで●のひもを2本と
もひきだします。

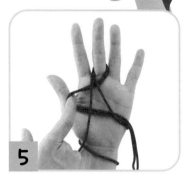

5 ひきだしているところ。

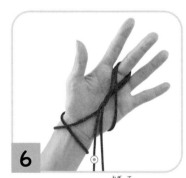

6 ひきだしたら、右手で◉の
ひもをつまみます。

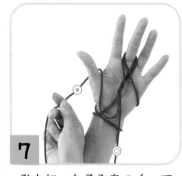

7 ひもに、たるみをつくって、
おやゆびにかけます。つぎ
に、◎のひもをつまんで、

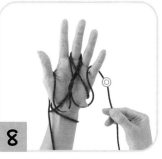

8

たるみをつくって、こゆびにかけます。こんどは、▲に右手のひとさしゆびとなかゆびを下からいれます。

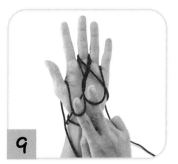

9

いれているところ。そのままひもをひっぱります。

10

ひっぱりおわったかたち。つづいて、右手で○のひもをつまみます。

11

つまんだひもをひっぱり、できたわのなかに右手をくぐらせます。

12

くぐらせているところ。くぐらせたら、そのまま、左手のなかゆびのひもをぬきとって、右手をもとにもどします。

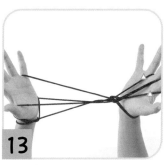

13

もどしおわったかたち。これから、左手のひとさしゆびとなかゆびに△のひも2本をうつします。

14

うつしているところ。

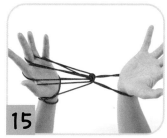

15

うつしおわったかたち。

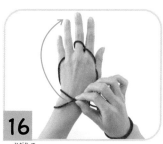

16

左手のてくびにかかっているひもを、右手でぬきとります。

できあがり

かたちをととのえて、「メガホン」のできあがり。

1だんばしご

短いひもをつかうときれいなはしごができるよ。

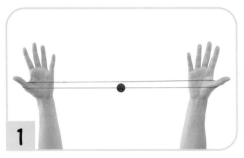

1

りょうてのおやゆびにひもをかけます。まず、こゆびで●のひもを上からとります。

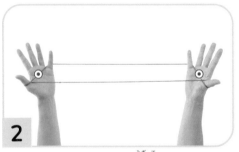

2

⊙のひもを、さいしょに右手のなかゆびでとり、つぎに左手のなかゆびでとります。

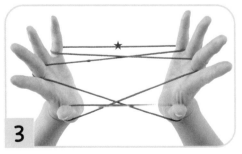

3

とりおわったかたち。こんどは、こゆびの★のひもをはずします。

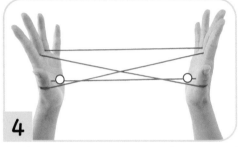

4

はずしおわったかたち。つぎに、こゆびで○のひもをとります。

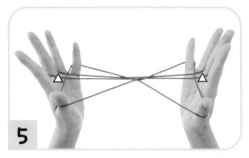

5

とりおわったかたち。これから、55ページの **6**、**7** をみながら、おやゆびで△のひもをとります。

6

まず、左手でひもをつまんでひきだし、

7

右手のおやゆびにかけます。左手もおなじようにします。

8

とりおわったかたち。これから、**9**をみながら、おやゆびの◆のひもをはずさないで◇のひもだけをはずします。

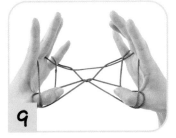

9

このように、りょうてのおやゆびをうちがわにたおすと、◇のひもがしぜんにはずれます。

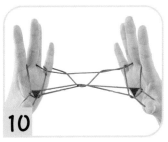

10

はずしおわったかたち。つぎに、▼になかゆびをまげていれます。

11

いれているところ。なかゆびをまげていれたまま、なかゆびにかかっていたひもとこゆびのひもをはずします。

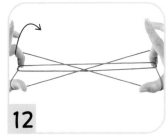

12

はずしおわったかたち。左手のゆび先を→のほうこうにまわすようにしてひもをひねると、

できあがり

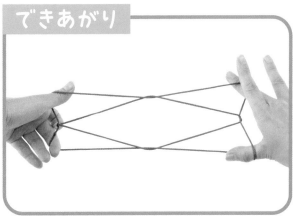

「1だんばしご」のできあがり。

2だんばしご

短いひもをつかうときれいなはしごができるよ。

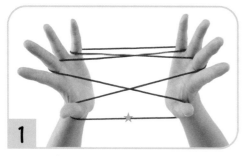

1

なかゆびのかまえからはじめます。まず、おやゆびの★のひもをはずします。

2

はずしおわったかたち。つぎに、おやゆびで●のひもを上からとります。

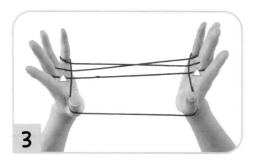

3

こんどは、おやゆびで△のひもをとります。じょうずにとれないときは、55ページの **6**、**7** をみてください。

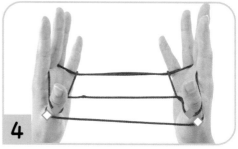

4

とりおわったかたち。これから、**5** をみながら、おやゆびの◆のひもをはずさないで◇のひもだけをはずします。

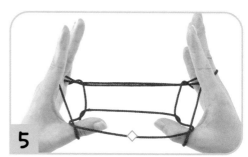

5

このように、りょうてのおやゆびをうちがわにたおすと、◇のひもがしぜんにはずれます。

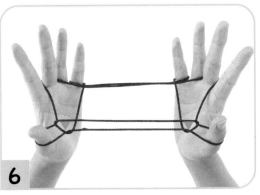

6

はずしおわったかたち。つぎに、▼になかゆびをまげていれます。

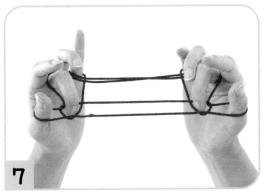

7

いれているところ。これから、8、9をみながら、りょうてのこゆびのひもをはずします。

8

まず、なかゆびをいれたまま、右手（みぎて）のこゆびのひもをつまんで、

9

はずします。左手（ひだりて）もおなじようにしてはずします。

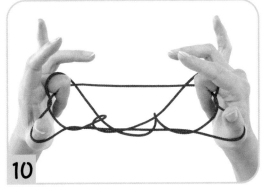

10

こんどは、なかゆびをいれたまま、りょうてを左右（さゆう）にひっぱって、なかゆびにかかっていたひもをはずします。

できあがり

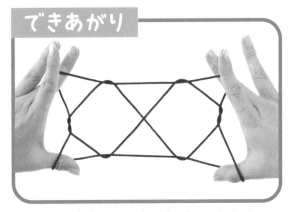

てのひらをむこうにむけながら、なかゆびとおやゆびをひらくと、「**2だんばしご**」のできあがり。

3だんばしご

短いひもをつかうときれいなはしごができるよ。

1 なかゆびのかまえからはじめます。まず、こゆびの★のひもをはずします。

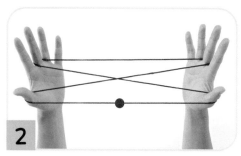

2 はずしおわったかたち。 3 ～ 5 をみながら、これから、こゆびのせで●のひもをほかのひもの下からとります。

3 まず、右手のこゆびでとります。ゆび先をむこうにむけ、右手を上にむけると、とりやすくなります。

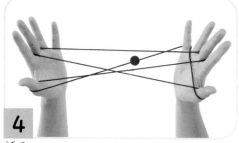

4 右手のこゆびでとったかたち。

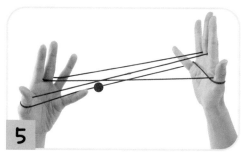

5 こんどは、左手のこゆびでとります。右手のこゆびをすこしさげると、ひものあいだがひらいてとりやすくなります。

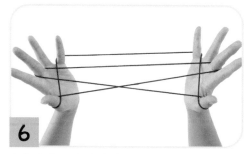

6 とりおわったかたち。

58

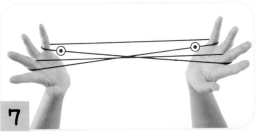

7

りょうてのおやゆびのひもをはずします。
こんどは、おやゆびで⊙のひもをとります。

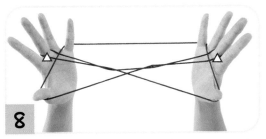

8

とりおわったかたち。つぎに、おやゆび
で△のひもをとります。

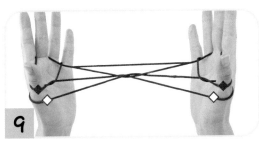

9

とりおわったかたち。つづいて、おやゆ
びの◆のひもをはずさないで◇のひもだ
けをはずします。

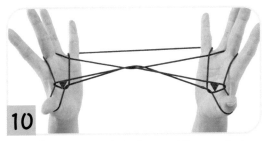

10

はずしおわったかたち。つぎに、▼にな
かゆびをまげていれます。

11

いれているところ。

12

なかゆびをまげていれたまま、なかゆび
にかかっていたひもとこゆびのひもをす
べらせるようにしてはずします。

できあがり

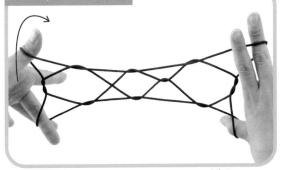

左手（ひだりて）のてのひらをてまえにむけ、右手（みぎて）の
てのひらをむこうにむけて、なかゆびと
おやゆびをひらくと、「**3だんばしご**」
のできあがり。

4だんばしご

短いひもをつかうときれいなはしごができるよ。

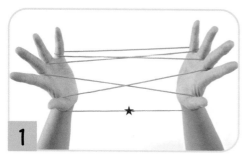

1

なかゆびのかまえからはじめます。まず、おやゆびの★のひもをはずします。

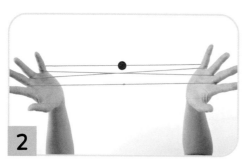

2

はずしおわったかたち。これから、3 をみながら、おやゆびで●のひもをほかのひもの下からとります。

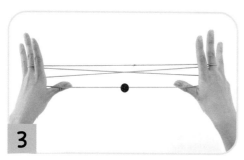

3

このように、てのひらをむこうにむけると、かんたんにとれます。

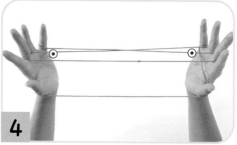

4

とりおわって手をもどしたところ。こんどは、おやゆびで◉のひもをとります。

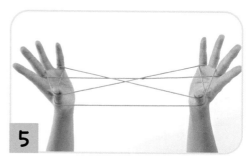

5

とりおわったかたち。

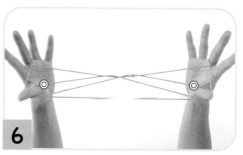

6

りょうてのこゆびのひもをはずします。つぎに、こゆびで◎のひもをとります。

7

とりおわったかたち。

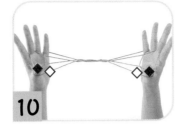

10

とりおわったかたち。つづいて、おやゆびの◆のひもをはずさないで◇のひもだけをはずします。

12

いれているところ。

8

おやゆびのひもをぜんぶはずします。こんどは、おやゆびでこゆびの〇のひもをとります。

11

はずしおわったかたち。つぎに、▼になかゆびをまげていれます。

13

なかゆびをまげていれたまま、なかゆびにかかっていたひもとこゆびのひもをすべらせるようにしてはずします。

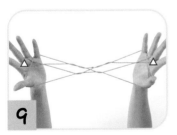

9

とりおわったかたち。こんどは、おやゆびで△のひもをとります。

できあがり

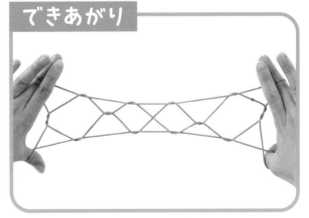

てのひらをむこうにむけながら、なかゆびとおやゆびをひらくと、「**4だんばしご**」のできあがり。

5だんばしご

とちゅうまでは「4だんばしご」のつくりかたといっしょだよ。

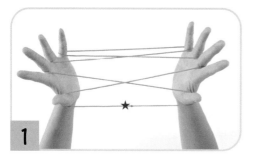

1

なかゆびのかまえからはじめます。まず、おやゆびの★のひもをはずします。

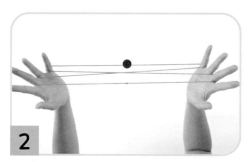

2

はずしおわったかたち。つぎに、おやゆびで●のひもをほかのひもの下からとります。

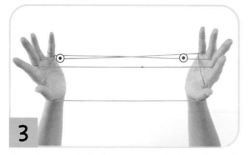

3

とりおわったかたち。こんどは、おやゆびでなかゆびの⊙のひもをとります。

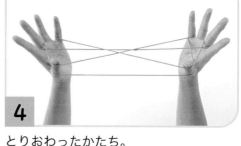

4

とりおわったかたち。

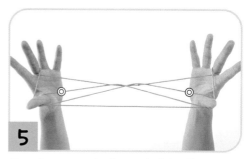

5

りょうてのこゆびのひもをはずします。つぎに、こゆびで◎のひもをとります。

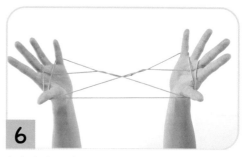

6

とりおわったかたち。

ここからがすこしむずかしいよ

7

おやゆびのひもをぜんぶはずします。これから、8～11をみながら、ひもをかけたまま、右手のこゆびとなかゆびのひもを1かいひねります。

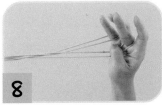

8

まず、右手のおやゆびで、てまえの2本のひもをおさえます。

9

ひもがはずれないようにちゅういして、こゆびを1かいひねります。

10

ひねっているところ。

11

なかゆびも、ひもがはずれないようにちゅういしながら、おなじように1かいひねります。

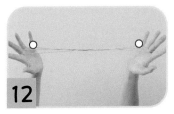

12

ひねりおわったところ。こんどは、おやゆびでこゆびのてまえの○のひもをとります。

13

とりおわったかたち。つぎに、おやゆびで△のひもをとります。

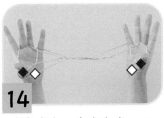

14

とりおわったかたち。つづいて、おやゆびの◆のひもをはずさないで◇のひもだけをはずします。

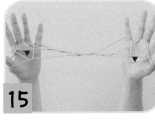

15

はずしおわったかたち。つぎに、▼になかゆびをまげていれます。

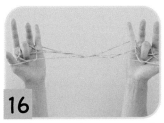

16

いれているところ。つづいて、なかゆびをまげていれたまま、なかゆびにかかっていたひもとこゆびのひもをすべらせるようにしてはずします。

できあがり

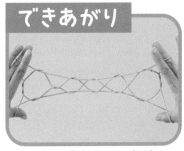

てのひらをむこうにむけながらなかゆびとおやゆびをひらくと、「**5だんばしご**」のできあがり。

6だんばしご

62〜63ページの「5だんばしご」の11までと、やりかたはいっしょだよ。

12

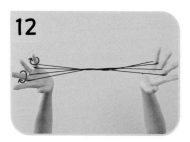

63ページの「**5だんばし ご**」の11 がおわったら、左手（ひだりて）のなかゆびとこゆびのひもも、おなじようにひねります。

13

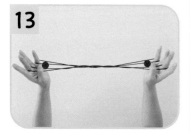

ひねりおわったかたちから、おやゆびで●のひもをとります。

14

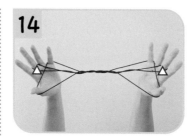

とりおわったかたち。つぎに、おやゆびで△のひもをとります。

15

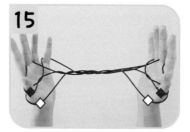

とりおわったかたち。つづいて、おやゆびの◆のひもをはずさないで◇のひもだけをはずします。

16

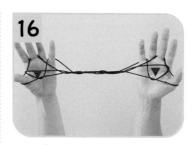

はずしおわったかたち。▼になかゆびをまげていれたまま、なかゆびにかかっていたひもとこゆびのひもをすべらせるようにしてはずします。

できあがり

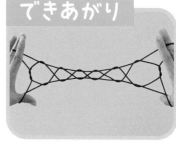

てのひらをむこうにむけながらなかゆびとおやゆびをひらくと、「**6だんばしご**」のできあがり。

動く！へんしん！

おもしろ
あやとり

のびちぢみゴム1

ゴムみたいに、のびたりちぢんだりするよ。

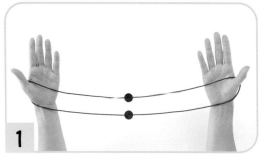

1

りょうてのおやゆびにひもをかけます。まず、左手のこゆびで●のひもをいっしょにとります。

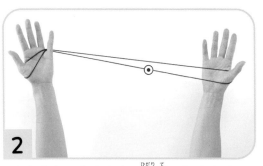

2

とりおわったかたち。左手のおやゆびで◉のひもをとります。

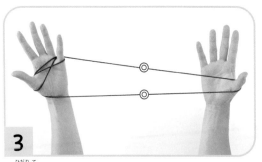

3

左手のひもはこのようになります。こんどは、右手のこゆびで◎のひもをいっしょにとります。

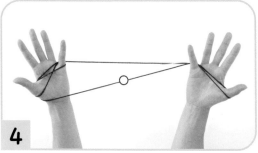

4

とりおわったかたち。つぎに、右手のおやゆびで○のひもをとります。

できあがり

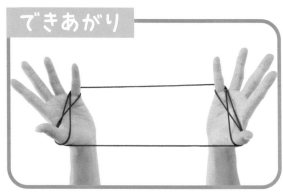

「**のびちぢみゴム1**」のできあがり。

あそんでみましょう

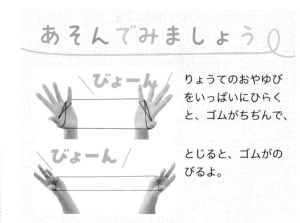

＼びょーん／

びょーん／

りょうてのおやゆびをいっぱいにひらくと、ゴムがちぢんで、

とじると、ゴムがのびるよ。

のびちぢみゴム2

おもしろーい。

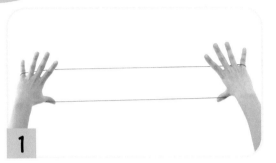

1

てのひらをむこうにむけたじょうたいで、りょうてのおやゆびとこゆびにひもをかけます。

2

おやゆびのひもをひっかけるようにして、てのひらをむかいあわせます。まず、おやゆびで●のひもをとります。

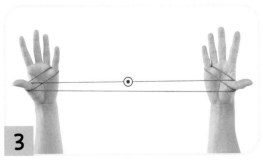

3

とりおわったかたち。つぎに、こゆびで◉のひもをとります。

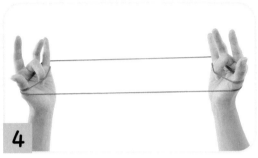

4

とりおわったかたちから、なかゆびでこのようにひもをとります。

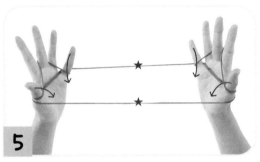

5

おやゆびとこゆびをうちがわにまげて、ゆびにかかっている★のひもをすべらせるようにしてはずします。

できあがり

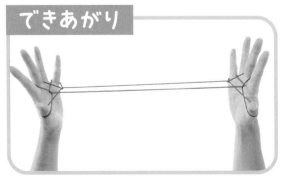

「のびちぢみゴム2」のできあがり。のびちぢみさせてあそんでみましょう。

67

ぱちぱちウインク

1 左手のひとさしゆびにひも
をかけ、

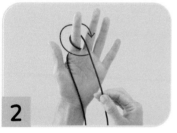

2 →のほうこうにひもを1か
いまきつけて、

3 このように左手のおやゆび
にかけます。

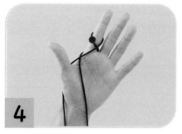

4 かけおわったかたち。これ
から、**5**、**6**をみながら、
●のひもをひきだして、左
手のおやゆびにかけます。

5 まず、右手でひもをつまん
で、

6 ひきだしておやゆびにかけ
ます。

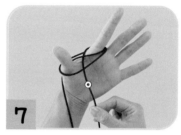

7 かけおわったかたち。つぎ
に、◉のひもをつまんで、

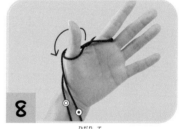

8 このように左手のおやゆび
にかけます。こんどは、◎
のひもをつまんで、

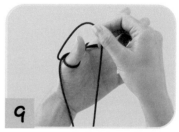

9 おやゆびとひとさしゆびの
あいだにかけます。

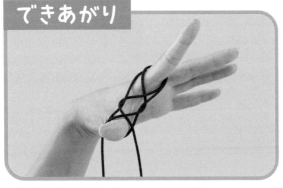

「**ぱちぱちウインク**」のできあがり。

あそんでみましょう

左手をよこにすると、目みたいだね。

右手でひもをひっぱると、「ぱちっ」とウインク。

ひもをゆるめると、また目がひらいた！

あやとりいろいろ

はしごはなんだんまでふやせる？

54ページからしょうかいしている「はしご」のように、おなじもようをどんどんふやしていくことができるのも、あやとりあそびのたのしさのひとつですね。日本の伝統あやとりでは「**6だんばしご**」までしかつたわっていませんが、くふうしだいで「**10だんばしご**」や「**11だんばしご**」をつくることもできるようです。

どんどんふやして、みんなをびっくりさせたいとおもっている人は、ひものひねりかたやとりかたにくふうをこらして、長いはしごにチャレンジしてみてくださいね。

69

びゅんびゅん
やりなげ

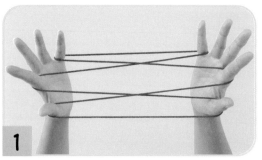

1

ひとさしゆびのかまえからはじめます。これから、2～5をみながら、右手のひとさしゆびのひもを、左手のひとさしゆびのひもとかけかえます。

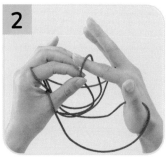

2

まず、右手のひとさしゆびのひもをはずして、

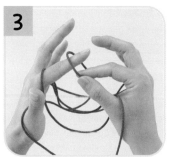

3

左手のひとさしゆびの先のほうにかけます。

4

つぎに、左手のひとさしゆびのひもをつまんで、●のひもの外からぬきだして、

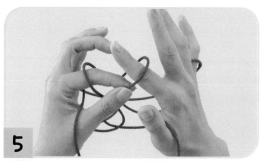

5

左手でもちかえたら、右手のひとさしゆびにかけます。

できあがり

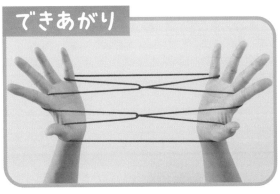

かけかえおわると「びゅんびゅんやりなげ」のできあがり。これで「やりなげ」のよういができました。

すばやくやると、「やり」がいきおいよくとんでいくようにみえるよ。つづけてやると、やりがびゅんびゅん右に左にとんでいるみたいだね。

あそんでみましょう

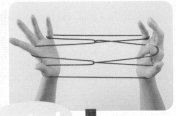

できあがりのかたちから、右手のひとさしゆびをひもからぬいて、左手をひくと、

びゅんっ！

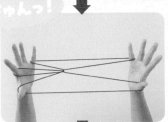

「やり」が左にとびます。

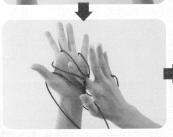

ひもがまじわっているところを、右手のひとさしゆびで、このように下からとります。

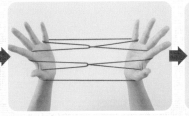

できあがりのかたちにもどります。こんどは、左手のひとさしゆびをひもからぬいて、右手をひくと、

びゅんっ！

「やり」は右にとびます。

ぎっこんばったんはたおりき

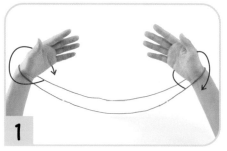

1 りょうてのてくびにひもをかけます。まず、ひもを→のほうこうに１かいずつまきつけます。

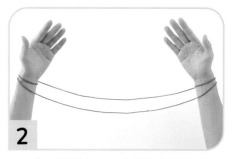

2 まきつけるとこのようになります。

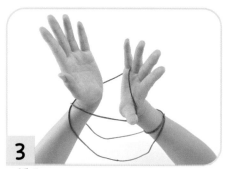

3 右手のおやゆびとこゆびで、このように左手のてくびのひもをとります。

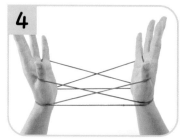

4 おなじように右手のてくびのひもをとると、このようなかたちになります。

5 こんどは、右手のなかゆびで、左手のてのひらのひもをとります。

6 つぎに、左手のなかゆびで右手のてのひらのひもをとります。

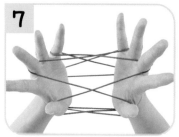

7 とりおわったかたちを上からみたところ。

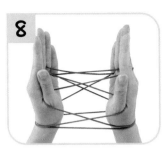

8 りょうてのゆび
とゆびをぴった
りくっつけます。

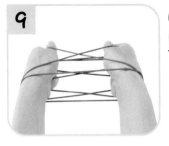

9 ゆび先をむこう
にたおしながら
下にむけて、

10 てくびのひもを
ぜんぶすべりお
とします。

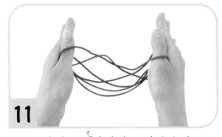

11 そのまま、手をもとのようにおこ
します。

できあがり

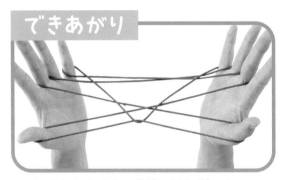

ゆびをひらくと、「**ぎっこんばった
んはたおりき**」のできあがり。

あそんでみましょう

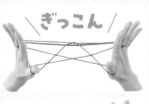

ぎっこん

こゆびをひらくと、
「ぎっこん」

ばったん

はんたいに、おやゆ
びを左右にひらくと、
「ばったん」

はたおりきは
ぬのをおるきかいだよ。
ひものうごきかたが
「はたおりき」に、
にているんだね。

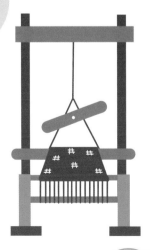

ぱくぱくはまぐり

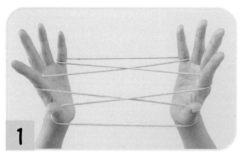

1 ひとさしゆびのかまえからはじめます。

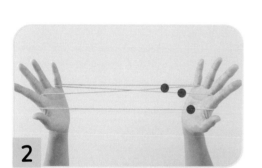

2 おやゆびのひもをはずします。これから、右手のおやゆびで●の３本のひもをいっしょにおさえます。

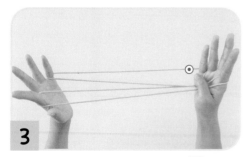

3 おさえているところ。これから 4 をみながら右手のひとさしゆびで◉のひもをとります。

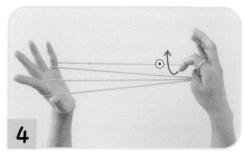

4 このように、ひとさしゆびのはらで◉のひもをひっかけて、→のほうこうにひねってとります。

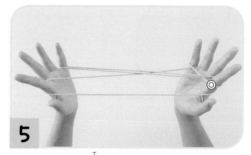

5 とりおわって手をもどしたかたち。こんどは、左手のひとさしゆびで◎のひもを下からとります。

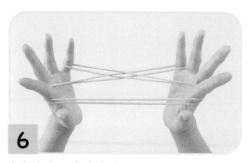

6 とりおわったかたち。

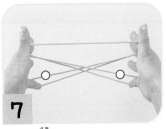

7 ゆび先をむこうにむけます。つぎに、おやゆびで〇のひもを下からとります。

8 とりおわって手をもどすと、このようになります。

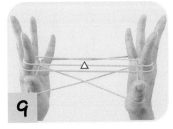

9 てのひらをむかいあわせます。つぎに、おやゆびでひとさしゆびの△のひもを下からとります。

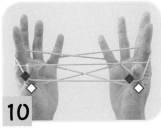

10 とりおわったかたち。つづいて、おやゆびの◆のひもをはずさないで◇のひもだけをはずします。

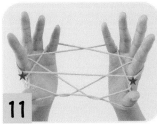

11 はずしおわったかたち。こんどは、ひとさしゆびの下になっている★のひもをはずします。

12 はずしおわったかたち。

できあがり

ゆび先をむこうにむけると「ぱくぱくはまぐり」のできあがり。

まんなかがはまぐりの口だよ

あそんでみましょう

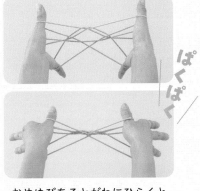

ぱくぱく

おやゆびをそとがわにひらくと、はまぐりの口がひらいて、こゆびをそとがわにひらくと、はまぐりの口がとじます。

ぱたぱたこうもり

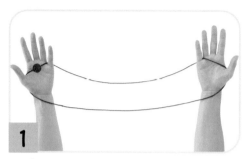

1

まず、はじめのかまえをします。

2

右手のひとさしゆびで●のひもを上から
ひっかっけて１かいひねってとります。

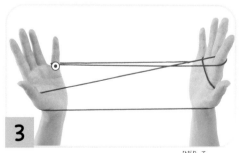

3

とりおわったかたち。つぎに、左手のお
やゆびで◉のひもをとります。

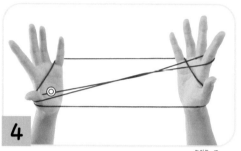

4

とりおわったかたち。こんどは、左手の
ひとさしゆびで◎のひもをとります。

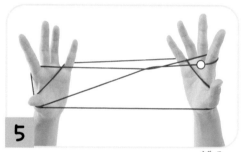

5

とりおわったかたち。つづいて、右手の
おやゆびで○のひもをとります。

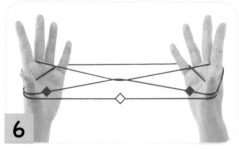

6

とりおわったかたち。つぎに、おやゆび
の◆のひもをはずさないで◇のひもだけ
をはずします。

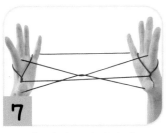

7

はずしおわったかたち。

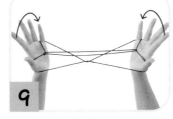

9

ひとさしゆびのひもをはずして、こゆびにうつします。

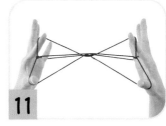

11

だしおわったかたち。

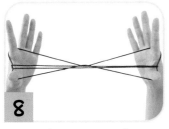

8

こゆびのひもをはずします。

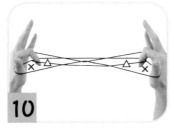

10

りょうてのひとさしゆびをこのようにまげていれます。つぎに、△のひもをひっかけたまま、ひとさしゆびを×からだします。

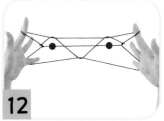

12

おやゆびのひもをはずして、ゆび先をむこうにむけます。こんどは、おやゆびで●のひもをとります。

できあがり

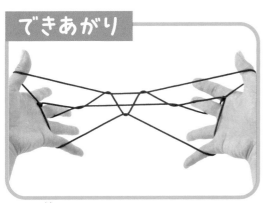

ゆび先をむこうにむけると「**ぱたぱたこうもり**」のできあがり。

あそんでみましょう

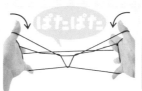

りょうてのおやゆびをうちがわにたおしたり、

そとがわにひらいたりをくりかえすと、こうもりがとんでいるみたいにみえるよ。

2ひきのさかな

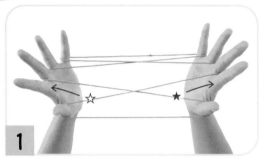

1

なかゆびのかまえからはじめます。まず、おやゆびにかかっている★のひもと☆のひもを、ひとさしゆびにうつします。

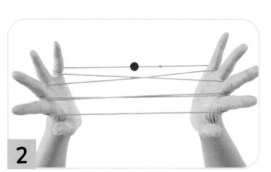

2

うつしおわったかたち。これから、おやゆびで●のひもをほかのひもの下からとります。

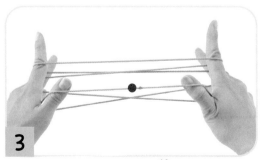

3

とっているところ。ゆび先をむこうにむけると、じょうずにひもがとれます。

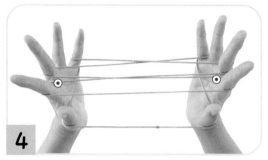

4

とりおわったかたち。つぎに、おやゆびで◉のひもをてまえのひもの上からとります。

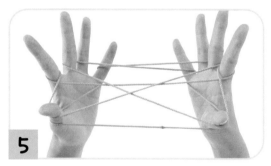

5

とりおわったかたち。

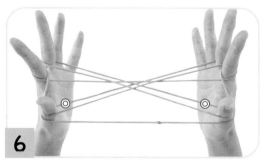

6

こゆびのひもをはずします。こんどは、こゆびで◎のひもをとります。

78

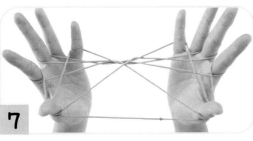

7 とりおわったかたち。

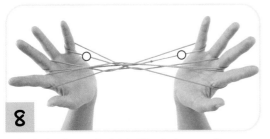

8 おやゆびのひもをはずします。つづいて、おやゆびで〇のひもをとります。

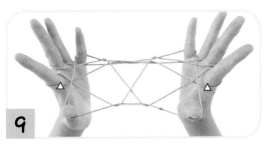

9 さらに、おやゆびで△のひもをとります。

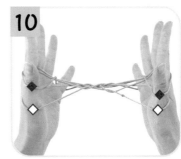

10 とりおわったかたち。こんどは、おやゆびの◆のひもをはずさないで◇のひもだけをはずします。

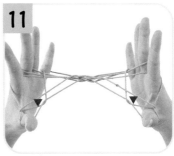

11 はずしおわったかたち。つぎに、▼にひとさしゆびをまげていれます。

12 ひとさしゆびをいれたまま、ひとさしゆびにかかっていたひもとなかゆびとこゆびのひもをはずします。

できあがり

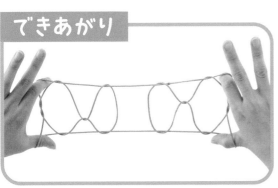

てのひらをむこうにむけると、「**2ひきのさかな**」のできあがり。

あそんでみましょう

すいー

ひもを左右にひっぱると、さかなが右と左におよいで、とおざかっていくよ。

ちいさなふんすい

長いひもでつくると、きれいなふんすいができるよ。

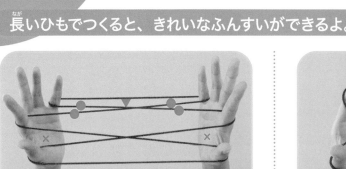

1

ひとさしゆびのかまえからはじめます。これから、2〜4をみながら、▼にひとさしゆびをいれ、●のひもをとって×からだします。

2

まず、▼にひとさしゆびをまげていれ、2本のひもをいっしょにひっかけます。

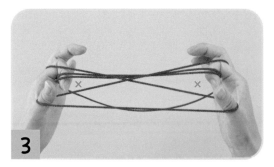

3

そのまま、ひもをまきとるようにして、×からひとさしゆびをだします。

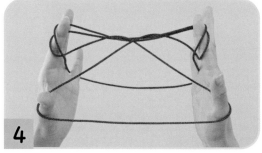

4

ひきだしおわったかたち。

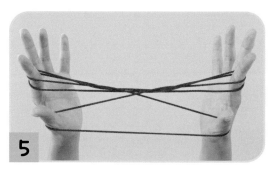

5

こゆびのひもをはずします。

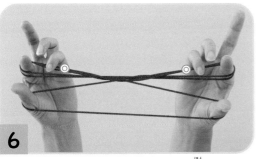

6 つぎに、こゆびのはらで◎の2本のひもをおさえ、そのまま、てのひらにおしさげます。

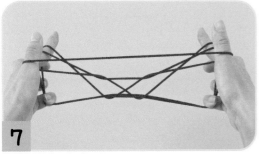

7 おしさげたかたちをよこからみたところ。

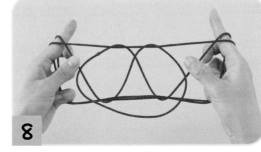

8 おやゆびのひもをはずします。はずしたひもはひっぱらずにたるませておきます。

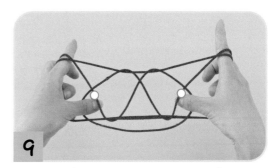

9 たれさがったひものなかにおやゆびをいれて、○のひもをとります。

できあがり

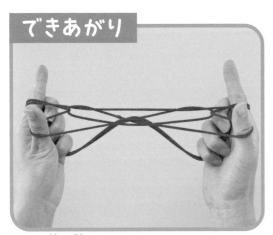

ゆび先を上にむけて、おやゆびとひとさしゆびをひらくと、「**ちいさなふんすい**」のできあがり。

あそんでみましょう

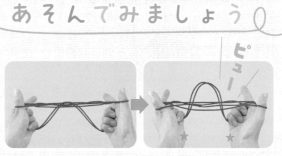

ピュー

りょうてのこゆびでひもをしっかりおさえてね。ての★のところをちかづけるようにしてりょうてをうごかすと、きれいにみずがでてくるよ。おやゆびでひもをひっぱらないのがコツだよ。

ぴかぴか星ぼし

ハワイにつたわる
あやとりだよ。

じょうずにとれない
ときは、1本ずつ
とってね。

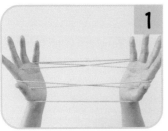

1 ひとさしゆびの
かまえからはじ
めます。

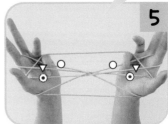

5 こゆびとくすり
ゆびを〇にのせ、
▽の下したから◉の
ひもをつまんで
ひきだし、

2 おやゆびを★の
ひものなかにい
れます。

6 そのひもをこゆ
びにかけます。

3 そのままおやゆ
びで●のひもを
とり、★のひも
の下したからひきだ
します。

7 おやゆびのひも
をはずします。
つぎに、おやゆ
びで◎のひもを
いっしょにとり
ます。

4 とりおわったか
たち。

8 とりおわったか
たち。つぎにひ
とさしゆびをま
げて▼にいれま
す。

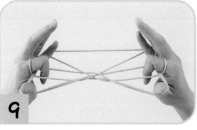

9 いれおわったかたち。そのまま、こゆびのひもをはずして、

10 てのひらをむこうにむけて、おやゆびとひとさしゆびをひらきます。

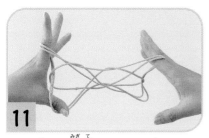

11 つぎに、右手のおやゆびをひもからぬきます。

12 右手のひとさしゆびにかかっているひもを、ひとさしゆび、なかゆび、くすりゆび、こゆびで、このようににぎります。

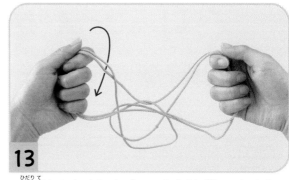

13 左手とひとさしゆびのひもをはずし、おやゆびにかかっているひもをにぎります。

できあがり

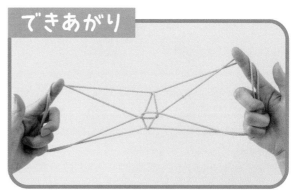

ひとさしゆびをたかくあげると、「**ぴかぴか星**」のできあがり。

あそんでみましょう

ひとさしゆびを左右にうごかすと、星がぴかぴかひかっているみたいだね。

はまぐり → とんぼ

長いひもをつかってね。

つぎからつぎへ、はやがわりする「れんぞくあやとり」。いったいなににへんしんするのかな？

やさしいものからはじめるよ。

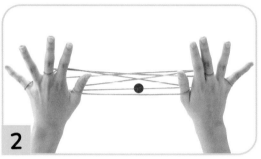

2

なかゆびのかまえのまま、てのひらをむこうにむけます。

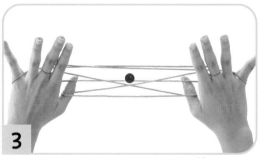

3

おやゆびでこゆびの●のひもを下からとります。

1

なかゆびのかまえからはじめます。

4

とりおわったかたち。

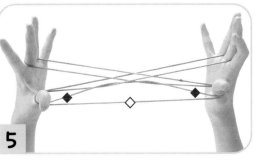

5

こゆびのひもをはずします。つぎに、おやゆびの◆のひもをはずさないで◇のひもだけをはずします。

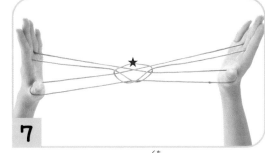

7

こんどは、★のひもを口にくわえて、

はまぐり

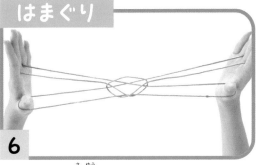

6

りょうてを左右にひっぱると、「**はまぐり**」のできあがり。

とんぼ

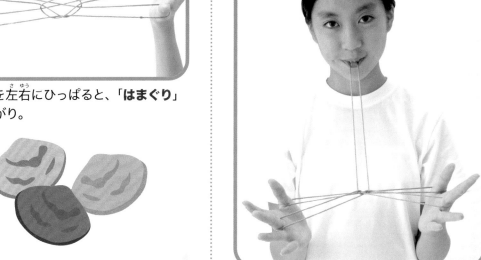

りょうてを下にひっぱると、「**とんぼ**」のできあがり。

やね → おおきなどんぶり → まめでんきゅう

これも
かんたんだよ。

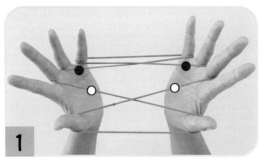

1

なかゆびのかまえからはじめます。まず、
おやゆびでなかゆびの●のひもを〇の上
からとります。

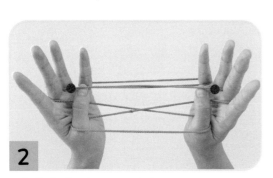

2

おやゆびでとっているところ。

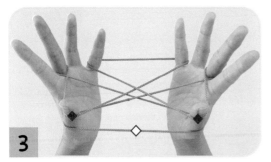

3

とりおわったかたち。これから、 **4** 、 **5**
をみながら、おやゆびの◆のひもをはず
さないで◇のひもをはずします。

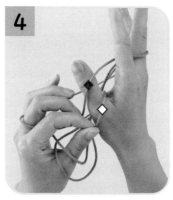

4

まず、左手で右
手の◇のひもを
つまんで、

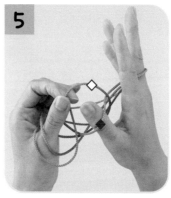

5

はずします。

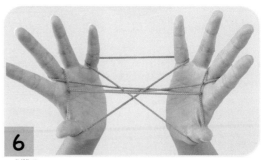

6

左手のひももおなじようにしてはずすと、
このようになります。

やね

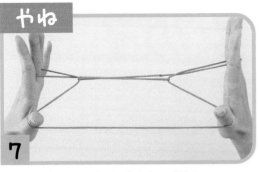

7

こゆびのひもをはずすと、「**やね**」のできあがり。

おおきなどんぶり

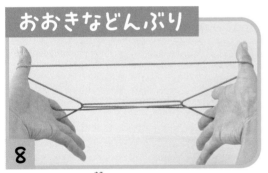

8

つぎに、ゆび先をむこうにむけて、「**おおきなどんぶり**」のできあがり。

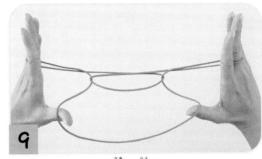

9

こんどは、ゆび先を上にむけて、おやゆびのひもをはずします。

まめでんきゅう

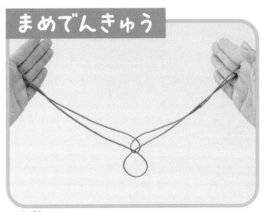

左右にそっとひもをひっぱると、「**まめでんきゅう**」のできあがり。

かに→なっとう→女の子

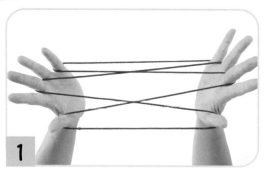

1 なかゆびのかまえからはじめます。

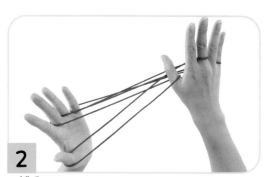

2 右手のてのひらをむこうにむけます。

3 右手を→のほうこうにうごかして、右手のおやゆびを下から▲にいれます。

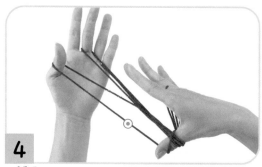

4 右手のおやゆびで。◉をとります。

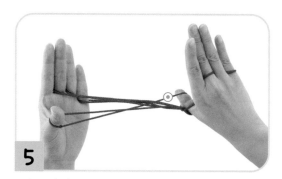

5 とったところ。

6 手をもとのようにむかいあわせます。

7

左手のおやゆびとひとさしゆび
で右手のおやゆびの◎のひもを
ひっぱって、

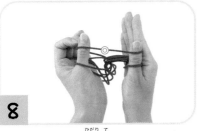

8

このように、左手のおやゆびに
かけます。

9

かけおわったかたち。つぎに、
おやゆびの◆のひもをはずさな
いで◇のひもだけをはずします。

 かに

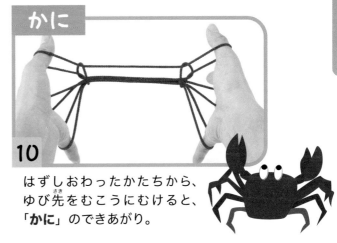

10

はずしおわったかたちから、
ゆび先をむこうにむけると、
「かに」のできあがり。

なっとう

11

こんどは、手を左右にひっぱっ
て、むすびめをつくります。ひ
もをゆびからはずして、かたち
をととのえると、**「なっとう」**
のできあがり。

わらにくるんだ
「わらなっとう」だよ。
みたことあるかな？

女の子

かわいい顔
をかいてね。

ひもを１本下にひくと、
「女の子」のできあがり。

あさがお → おだいりさま

1 ひもをおやゆびとひとさしゆびにかけます。

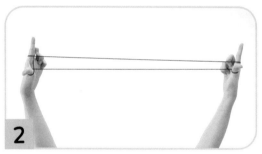

2 おやゆびのひもをひっかけるようにして、てのひらをあわせてかまえます。

3 右手(みぎて)で、左手(ひだりて)の●のひもをつまんで、

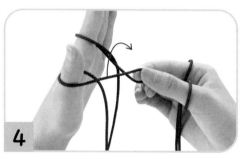

4 →のほうこうに1かいひねります。

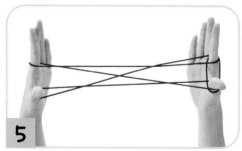

5 ひねったひもを、このように右手(みぎて)のおやゆびとひとさしゆびにかけます。

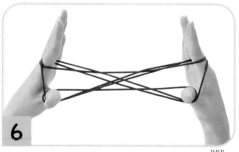

6 3、4、5とおなじようにして、左手(ひだり)手(て)のおやゆびとひとさしゆびにもひもをかけます。

7

右手で、左手のぜんぶの
ひもをこのようにつかみ
ます。左手のゆびからぜ
んぶのひもをぬきとりま
す。

8

ぬきとったひもを→のほ
うこうに1かいひねって、

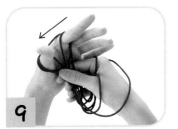

9

左手のおやゆびとひとさ
しゆびにもどします。

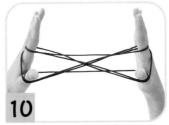

10

おなじように、右手のぜ
んぶのひもを左手でつか
んでぬきとり、1かいひ
ねり、右手のおやゆびと
ひとさしゆびにもどすと
このようになります。

11

まんなかのぜんぶのひも
を口にくわえます。

あさがお

12

てのひらをかえしながら、
おやゆびとひとさしゆび
のりょうほうにかかって
いたひもをはずすと、
「あさがお」のできあが
り。

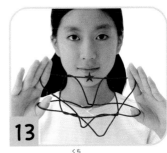

13

つぎに、口にくわえてい
たひもをはなします。こ
んどは、★のひもを口に
くわえます。

おだいりさま

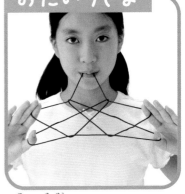

手を左右にひっぱると、
「おだいりさま」のでき
あがり。

あみ → おこと ハンモック → バリカン

長いひもをつかってね。

1

左手のおやゆびとこゆびにひもをかけます。ひものはしを右手でもって、→のほうこうに１かいひねります。

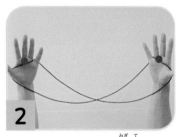

4

おやゆびのひもをはずします。こんどは、ひとさしゆびで△のひもをとりあいます。

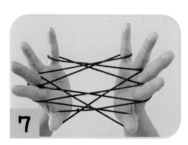

7

とりおわったかたち。これから、 8 〜 10 をみながら、りょうてのおやゆび、なかゆび、こゆびのひものねじれをなおします。

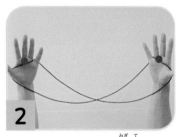

2

ひねったひもを、右手のおやゆびとこゆびにかけます。つぎに、なかゆびで●のひもをとりあいます。

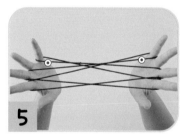

5

とりおわったかたち。つぎに、おやゆびで◉のひもをほかのひもの上からとります。

8

まず、左手のこゆびのひもを右手でつまんでぬきとり、ねじれをなおして、

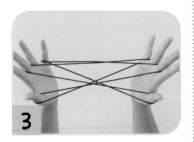

3

とりおわったかたち。

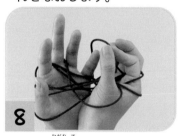

6

つづいて、ひとさしゆびとなかゆびの２本のゆびで、●のひもをとりあいます。

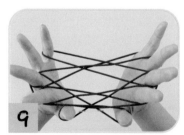

9

左手のこゆびにもどします。

あみ

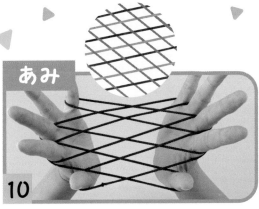

10

おなじようにして、ほかのゆびのひもの ねじれもぜんぶなおすと、**「あみ」** ので きあがり。

11

「あみ」 のできあがりから、左手で、右 手のひとさしゆびとなかゆびにかかって いるひもだけをつまんで、

12

はずします。

おこと

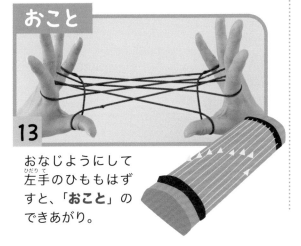

13

おなじようにして 左手のひももはず すと、**「おこと」** の できあがり。

ハンモック

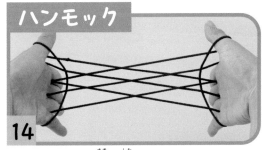

14

そのままゆび先を下にむけると、 **「ハンモック」** のできあがり。

15

手をもどします。つぎに、右手のひとさ しゆびとなかゆびのひもを、左手のひと さしゆびとなかゆびに、うつします。

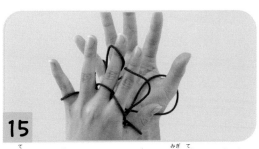

バリカン

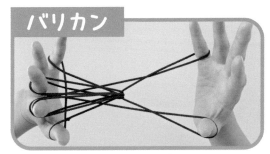

うつしおわったら、 ひもを左右にひっ ぱると、**「バリカ ン」** のできあがり。

はさみのようにもって、 かみのけをきるどうぐだよ。 とこやさんが つかっていたんだ。

93

てっきょう→かめ→ゴム→ひこうき→かぶと→おたまじゃくし

長いひもをつかってね。

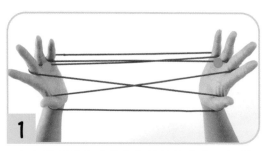

1 なかゆびのかまえからはじめます。まず、こゆびで●のひもをとります。

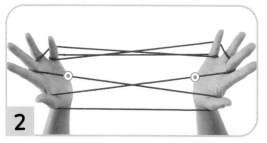

2 つぎに、おやゆびで◉のひもをとります。

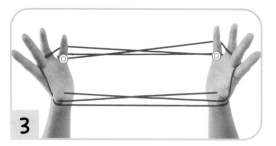

3 とりおわったかたち。こんどは、おやゆびで◎のひもをとります。

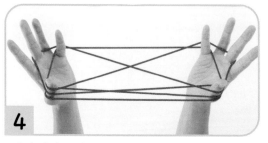

4 とりおわったかたち。

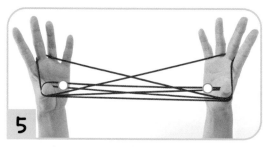

5 こゆびのひもをはずします。つぎに、こゆびで○のひもをいっしょにとります。

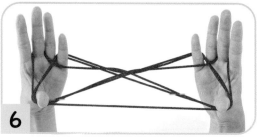

6 とりおわったかたち。

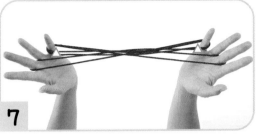

7

おやゆびのひもをはずします。つづいて、おやゆびで△のひもを2本ともとります。

8

とりおわったかたち。こんどは、なかゆびで●のひも2本をとりあいます。

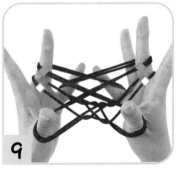

9

とりおわったかたち。なかゆびの◆のひもをはずさないで◇のひもだけをはずします。

てっきょう

10

はずしおわってなかゆびをぴんとのばすと、「**てっきょう**」のできあがり。

11

「てっきょう」のできあがりから、りょうてのなかゆびを、上の2本のひものあいだにいれます。そのままなかゆびをぐっとまげて、★のひもをすべらせるようにしてはずします。

かめ

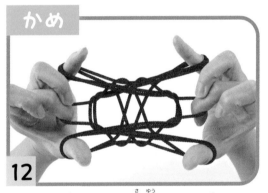

12

なかゆびのひもを左右にひっぱると、「**かめ**」のできあがり。

これからどんどんへんしんするよ。かめのかたちのままつぎのページにすすもう。

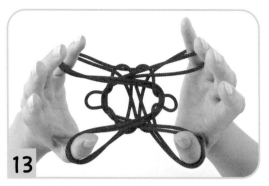

13 なかゆびのひもをはずして、

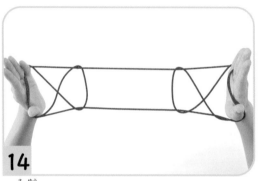

14 左右にゆっくりひっぱります。

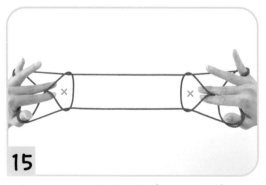

15 りょうてのひとさしゆびとなかゆびをこのようにいれて、ひとさしゆびとなかゆびでひもをつまんで×からだします。

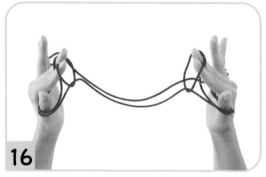

16 ひもをはずさないようにちゅういしながら、手をおこします。

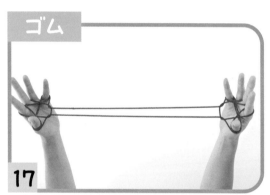

ゴム

17 左右にひもをひっぱると、「**ゴム**」のできあがり。

18 「**ゴム**」のできあがりから、左手のおやゆびで、右手のおやゆびのひもを2本ともぬきとります。

19

つぎに、左手のこゆびを、このように右手のこゆびのひもにいれて、ひもを2本ともぬきとります。

ひこうき

20

とりおわって左右の手をひらくと、「**ひこうき**」のできあがり。

21

「ひこうき」のできあがりから、このように、右手のひとさしゆびとなかゆびのひもを、左手のひとさしゆびとなかゆびに、それぞれうつします。

22

うつしおわるとこのようになります。

かぶと

23

ひもをそろえてかたちをととのえると、「**かぶと**」のできあがり。

まだまだへんしんするよ！かぶとのかたちのままつぎのページにすすもう。

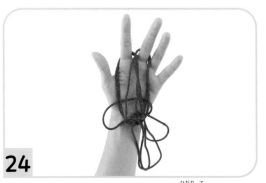

24

「かぶと」のできあがりから、左手のおやゆびとこゆびのぜんぶのひもをはずします。

おたまじゃくし

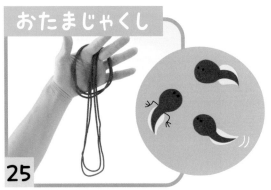

25

はずしたひもをほぐしてこのようにたらすと、「**おたまじゃくし**」のできあがり。

26

つぎに、右手で●のひもをいっしょにつまんで、

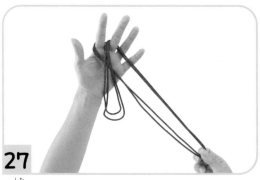

27

下にひきます。

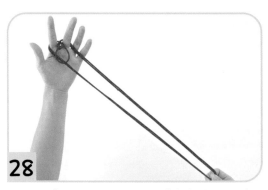

28

ひもがするするぬけて、「**おたまじゃくし**」がきえます。

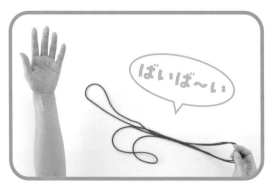

ばいば〜い

さいごはてじなみたいだね。

びっくり! 楽しい!

みんなで
あやとり

ひものおさんぽ

ここからはたのしい
あやとりてじなだよ。

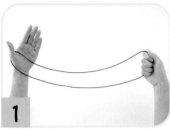

1

左手のおやゆびにひもをか
けて、はんたいのはしを右
手でもちます。

4

左手のおやゆびとひとさし
ゆびで、このようにわをつ
くります。

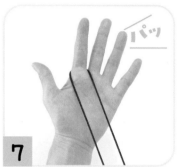

7

おやゆびのひもが、ひとさ
しゆびにうつりました！

2

→のほうこうに、ひもを1
かいひねります。

5

◉のひもをおやゆびに、○
のひもをひとさしゆびにか
けます。これで「ひものお
さんぽ」のよういができま
した。

ひもがどんどん
うつっていくよ。
つづけてやってみてね。

3

つぎに、左手のおやゆびと
ひとさしゆびのあいだに、
このようにひもをもってい
きます。

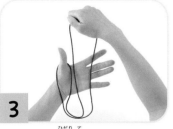

6

そのまま右手でもっている
ひもを下にひっぱると、

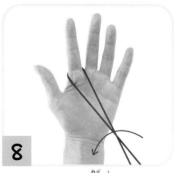

8

ひものはしを右手でもって、
→のほうこうにひもを1か
いひねって、

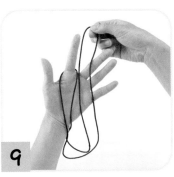

9

こんどは、ひとさしゆびと
なかゆびのあいだに、ひも
をもっていきます。

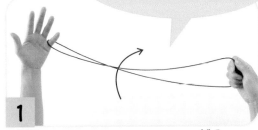

ひものひねりかたをはんたいに
すると、こゆびからおやゆびに、
ひもをうつすことができるよ。

1

左手のこゆびにひもをかけて、右手でひ
ものはしをもちます。100ページの **2** と
はんたいのほうこうに、ひもを1かいひ
ねります。

10

◎のひもをひとさしゆびに、
○のひもをなかゆびにかけ
ます。

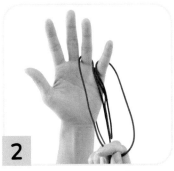

2

こゆびとくすりゆびのあい
だにひもをもっていき、こ
のようにこゆびとくすりゆ
びにひもをかけます。

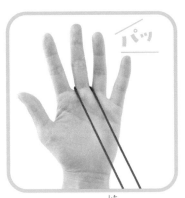

パッ

そのままひもを下にひっぱ
ると、こんどはなかゆびに
ひもがうつります！

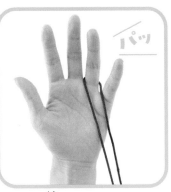

パッ

ひもを下にひっぱると、ひ
もがくすりゆびにうつりま
した！

じょうずにできたかな？

すいすいひもぬき1

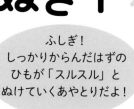

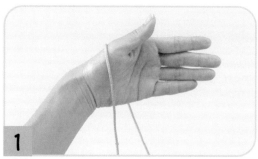

1 左手にこのようにひもをかけます。

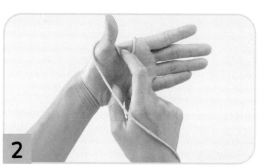

2 たれているひものなかに右手を下からいれて、おやゆびとひとさしゆびのあいだから、ひもをひきだします。

3 ひきだしたひもを→のほうこうに1かいひねって、

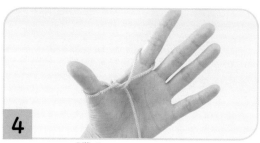

4 このように左手のひとさしゆびにかけます。

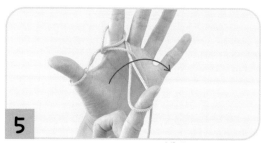

5 たれているひものなかに右手をいれて、ひとさしゆびとなかゆびのあいだからひもをひきだして、**3**とおなじように1かいひねって、

6 このようになかゆびにかけます。

102

7 こゆびまでくりかえして、ぜんぶのゆび
にひもをかけおわったかたち。

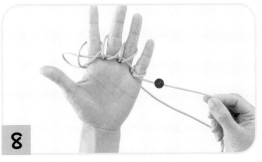

8 おやゆびのひもをはずします。
●のひもをつまんで、

ここでひっぱるひもを
まちがえると、ひもがぬけない
のでちゅういしてね。

9 ひっぱると、

ひもがぬけました！

あやとりいろいろ

あやとりでマジシャンになれる？

　わになったひもをつかうので、「**ひ
ものおさんぽ**」や「**すいすいひもぬ
き**」「**てくびぬき**」「**りょうてぬき**」な
どのてじなも、あやとりのなかまです。
　かんたんなひものどうさで、みんな
をびっくりさせるあやとりてじなも、
ふるくからつたわるだいひょうてきな
あやとりあそび。
　ほかにもいろいろなやりかたがつた
わっているようです。あやとりてじな
にきょうみのある人は、しらべて、あ
なたのレパートリーをふやしてくださ
いね。

すいすいひもぬき2

かんたんだね。

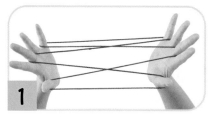

1 なかゆびのかまえからはじめます。

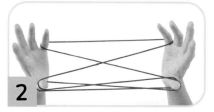

2 なかゆびのひもをおやゆびにうつします。

3 こゆびのひもをはずします。つぎに、右手のひとさしゆびで●のひもを2本いっしょにとります。

4 とりおわったかたち。

5 こんどは、右手のなかゆびで◉のひも2本をいっしょにとります。

6 くすりゆび、こゆびでもおなじようにしてひもをとります。とりおわるとこのようになります。

7 左手をひもからぬいて、右手のおやゆびのひもを左手ではずしてひっぱると、

すいすい〜

ひもがぬけます！

すいすいひもぬき 3

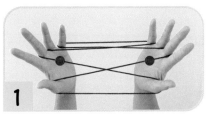

1 なかゆびのかまえからはじめます。まず、おやゆびで●のひもをとります。

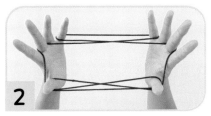

2 とりおわったかたち。

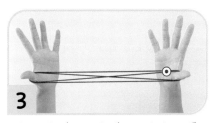

3 なかゆびとこゆびのひもをはずします。つぎに、右手のひとさしゆびで◉のひもをとります。

4 とりおわったかたち。

5 左手のおやゆびにひもをかけたまま、左手を右手のこうのほうにもってきます。

6 左手のおやゆびをひもからぬきます。右手のおやゆびとひとさしゆびのあいだのひもをいっしょにつまんで、

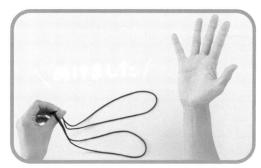

ひっぱると、ひもがぬけました！

マジシャンみたいだね。おともだちにやってみせよう。

105

コインおとし

コインのかわりに、あやとりひもがとおるおおきなリングをつかったよ。5円玉や50円玉などコインを使うなら、あなにとおるほそいひもをつかってね。

1 リングをよういします。

2 リングのあなにひもをとおします。

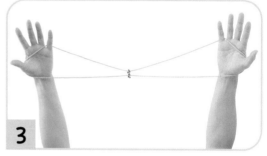

3 ひものまんなかまでリングをとおしたら、りょうてのおやゆびとこゆびでひもをとります。

4 つぎに、右手（みぎて）のなかゆびで、左手（ひだりて）のてのひらのひもをとります。

5

おなじように、左手のなかゆびで、右手のてのひらのひもをとります。

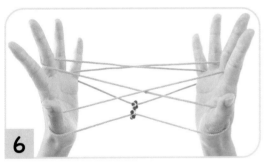

6

とりおわったかたち。これで、「コインおとし」のよういができました。

パンッ！

7

りょうてを「パンッ！」とたたいてあわせて、

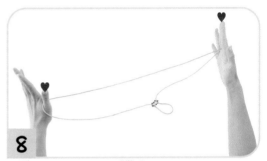

8

右手のなかゆびと左手のおやゆび（♥のゆび）いがいのゆびを、すばやくひもからぬきます。

コロン

あらっ！　ふしぎ！　リングがぬけてとびだしました。

なんどもれんしゅうして
すばやくひもから
ゆびがぬけると
かっこいいよ！

てくびぬき

Aさん、Bさんふたりでむかいあってはじめましょう。AさんがBさんのてくびにまいたひもをぬくよ。

1 Aさんが、なかゆびのかまえをつくります。

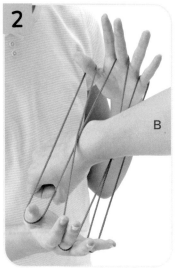

2 Bさんが、このように上（うえ）から手（て）をいれます。

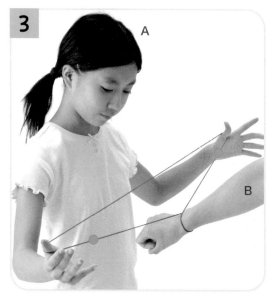

3 Aさんが、りょうてのなかゆびとこゆびのひもをはずして、左右（さゆう）にひっぱります。つぎに、Aさんが、こゆびで●のひもをとります。

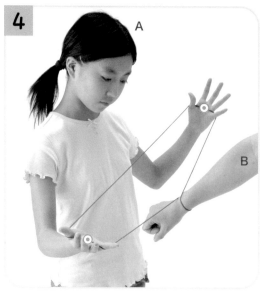

4 こんどは、りょうてのなかゆびで◉のひもをとりあいます。

5

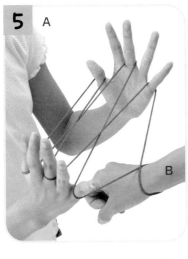

A

とりおわったかたち。

6

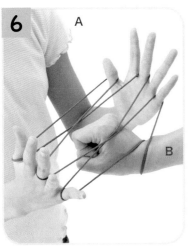

A
B

Bさんが、Aさんのなかゆびのひものあいだから、手を上にだします。

7

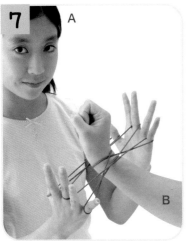

A
B

このようなかたちになります。

8

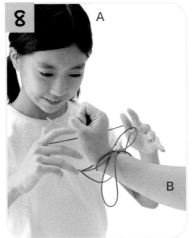

A
B

Aさんが、りょうてのなかゆびとこゆびのひもをはずしながら、

9

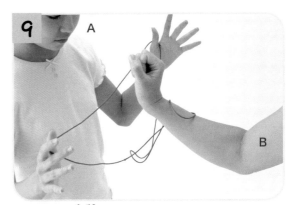

A
B

ひもを左右にひっぱると、

じゃじゃーん！

てくびをとじこめていたはずのひもが、するりとぬけました！

りょうてぬき

Aさん、Bさんふたりでむかいあってはじめましょう。

つぎは
「りょうてぬき」
にチャレンジ。
できるかな？

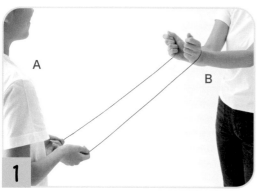

Bさんが、このようにりょうてをだします。Aさんが、Bさんのてくびにひもをかけます。

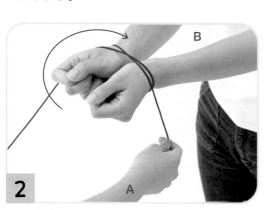

てくびのひもを、→のほうこうに１かいまわしてかけたら、

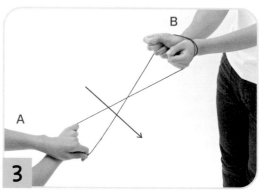

こんどは、ひものはしをもって、→のほうこうに１かいひねります。

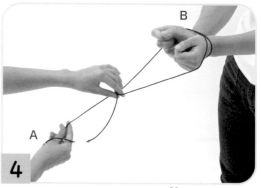

ひもがこうさするところを上からつまんで、

110

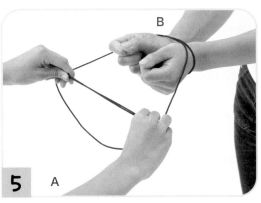

5 A B

このように、ふたつのわをあわせるよう
にしてりょうてでひもをもちます。

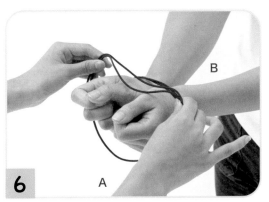

6 A B

そのひもを、Bさんのてくびにかけます。

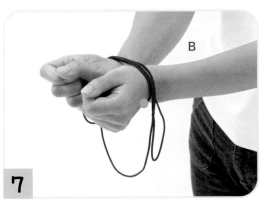

7 B

Aさんが、Bさんのてくびの●のひもを
つまんでひきだし、

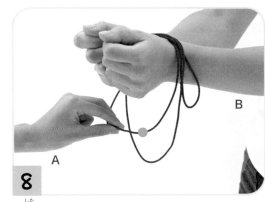

8 A B

下にひっぱります。

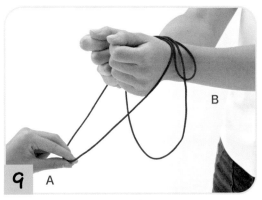

9 A B

どんどんひもをひっぱると……、

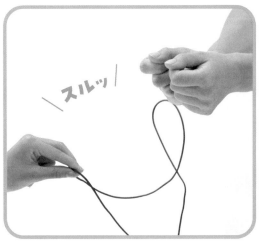

スルッ

ひもがぬけました！

"か"がきえた

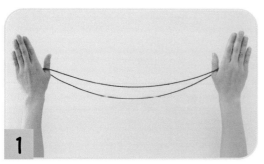

1 りょうてのおやゆびにひもをかけます。

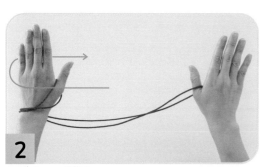

2 右手を、左手のまわりを→のほうこうにぐるっとまわすようにして、左手のてくびにひもをかけます。

3 右手のこゆびで●のひもを2本いっしょにとります。

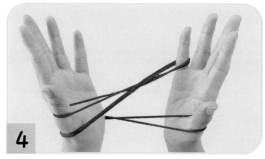

4 とりおわったら、りょうてのてのひらをむかいあわせます。

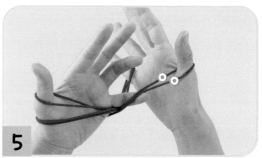

5 左手のこゆびで◉のひもを2本いっしょにとります。

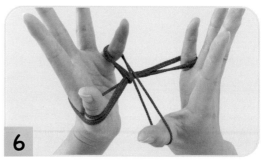

6 とりおわったかたち。

7

左手のこうにかかったひもをはずします。

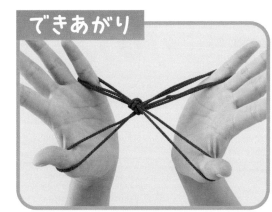

できあがり

りょうてを左右にひっぱって、まんなか
のむすびめをひきしめると、**「か」**ので
きあがり。

あそんでみましょう

パンッ！

「か」のできあがりから、「パンッ！」とり
ょうてをうちあわせます。

手をひらきます。「か」がいます。

パンッ！

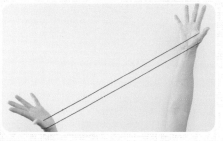

こんどは、たたきながらりょうてのこゆび
のひもをすばやくはずすと、
あれ？　「か」がきえてしまいました！

こおりのおうち

ほっきょくちほうにつたわるあやとりあそびだよ。

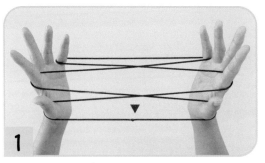

1

ひとさしゆびのかまえからはじめます。まず、▼にりょうてのひとさしゆび、なかゆび、くすりゆび、こゆびをいれてひもをにぎります。

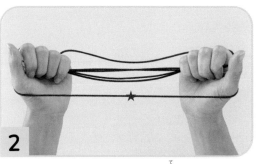

2

にぎったかたち。つぎに、手をかえしながら、★のひもをむこうへはずします。

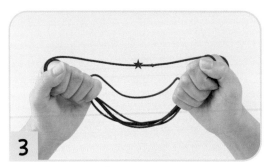

3

★のひもをはずしているところ。

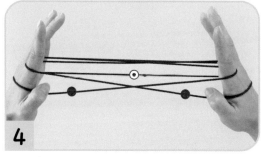

4

はずしおわったかたち。こんどは、おやゆびで●のひもをおさえます。

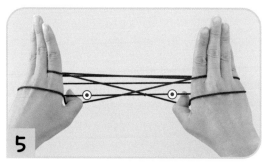

5

そのままてのひらをむこうにむけて、おやゆびでこゆびの◉のひもを下からとります。

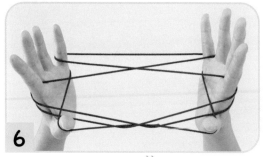

6

とりおわったかたちを上からみたところ。

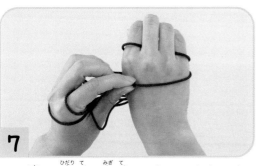

7

つぎに、左手で右手のこうのひもをつまんで、はずします。おなじように、左手のこうのひももはずします。

できあがり

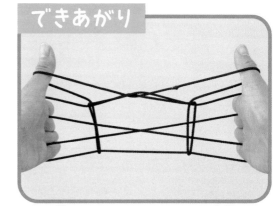

ゆび先をむこうへむけてひもを左右にひっぱると、「**こおりのおうち**」のできあがり。

あそんでみましょう

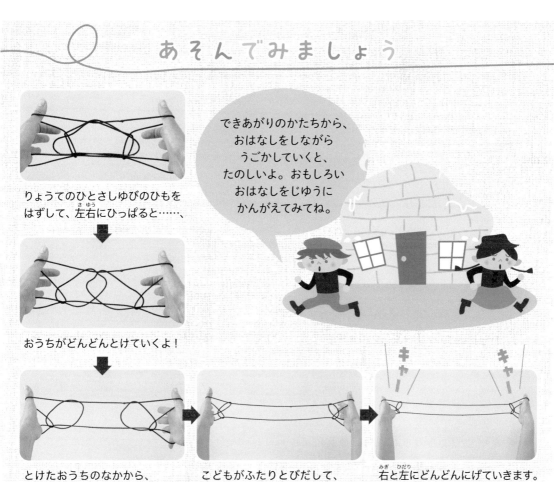

りょうてのひとさしゆびのひもをはずして、左右にひっぱると……、

おうちがどんどんとけていくよ！

とけたおうちのなかから、

できあがりのかたちから、おはなしをしながらうごかしていくと、たのしいよ。おもしろいおはなしをじゆうにかんがえてみてね。

こどもがふたりとびだして、

右と左にどんどんにげていきます。

ジェット機

長いひもを2本よういします。
Aさん、Bさんふたりでむかいあってはじめましょう。

おなじ長さのひもを
2本つかってあそぶよ。
ちがういろのひもをつかうと
かっこいいよ。

1

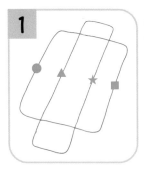

ゆかなどの、たいらでひろいところに、2本のあやとりひもをおきます。ここでは、あおいひもの上にあかいひもをおいています。

2

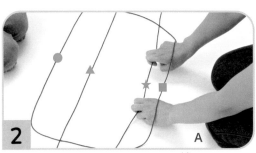

まず、Aさんが、■のひもの下からりょうてをいれて、★のひもをりょうてのひとさしゆびとなかゆびでつかみます。

3

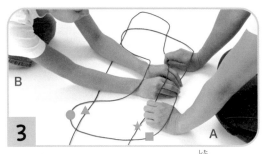

つぎに、Bさんが、●のひもの下→▲のひもの上→★のひもの下というじゅんばんでりょうてをとおして、■のひもをつかみます。Bさんのてくびにかかった●のひもは、そのままてくびにかけておきます。

4

Bさんが、■のひもをこのようにひっぱります。

5

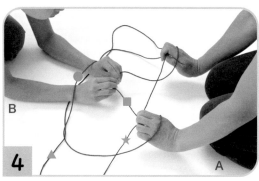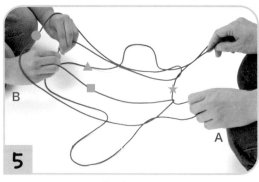

Aさんのてくびにかかっていた■のひもが、しぜんにはずれて、このようなかたちになります。

116

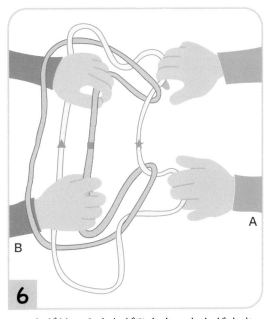

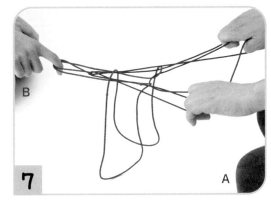

6 こんどは、Aさんがひもをつかんだまま、★のひもの上→■のひもの上というじゅんばんでりょうてをとおして、りょうてのおやゆびで▲のひもをひっかけます。

7 おたがいに、にぎったひもをゆっくりとじぶんのほうへひっぱります。Bさんは、りょうてでつかんだひものわを、右手のひとさしゆびのはらにいっしょにひっかけます。

できあがり

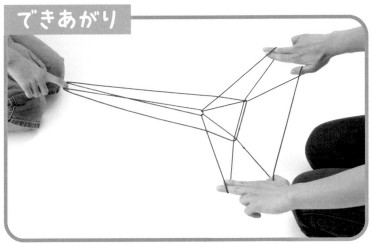

ひもをぴんとはると、「**ジェット機**」のできあがり。

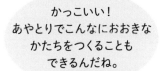

かっこいい！
あやとりでこんなにおおきな
かたちをつくることも
できるんだね。

ジェット機のあやとりのをかんがえた人：Michael Jackson、Michelle Jackson、Kel Watkins（オーストラリア）

ぴょんぴょんかえる

Aさん、Bさんふたりでむかいあってはじめましょう。

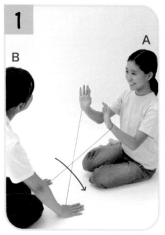

1 Aさんが、りょうてのてくびにこのようにひもをかけます。Bさんは、→のほうこうに1かいひねってこうささせたひもを、りょうてでこのように下におさえます。

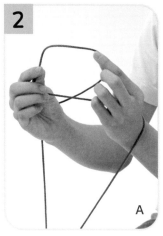

2 Aさんが、てくびのあいだのひもを右にひねって、このようにわをつくります。

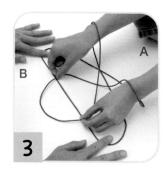

3 Aさんがそのわを、Bさんがおさえているひもの上におきます。

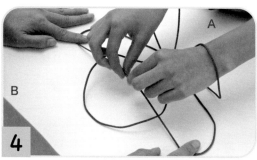

4 Aさんが、そのわのなかから、Bさんがおさえているひもをりょうてでつかみます。

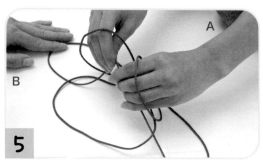

5 Aさんが、そのままひもをひっぱりあげながら、てくびのひもをすべらせるようにしてはずします。

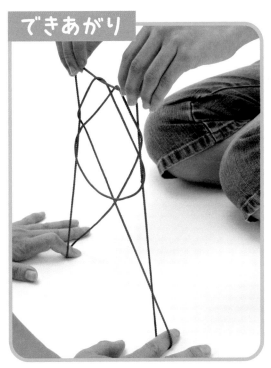

できあがり

さらにひっぱりあげると、**「ぴょんぴょんかえる」** のできあがり。

あそんでみましょう

ぴょん

Aさんが、りょうてをとじると、かえるが「ぴょん！」ととびます。

ぺたん

Aさんが、りょうてを左右にひらくと、かえるが「ぺたん」とちゃくちします。

あやとり いろいろ

あやとりのはつめいにチャレンジ！

あやとりは、ふるくからつたわるものだけではありません。いまも、せかいじゅうのあやとりファンによって、あたらしいあやとりがつくりだされています。

ちょっとかわったものでは、せかいのこっきをあやとりでつくったり、ア

ルファベットのもじをつくったり、ユニークなあやとりのはつめいにチャレンジしている人がいるようです。

じぶんのすきなものやみぢかなものをかたちにして、あたらしいあやとりのはつめいにチャレンジしてみてね。

さかなとりあみ

Aさん、Bさんふたりでむかいあってはじめましょう。

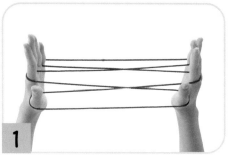

1

まず、Aさんが「さかなとりあみ」をつくります。ひとさしゆびのかまえからはじめます。

2

左手を上にして、右手のひもをぜんぶはずします。これから、3、4をみながら▲のなかに右手をいれて、●と○のひもを、それぞれ右手のおやゆびとひとさしゆびでとります。

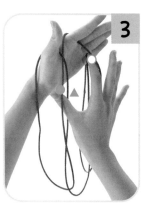

3

まず、このように右手のおやゆびとひとさしゆびをいれます。

4

ひもをとってひっぱると、このようになります。つづいて、右手のひとさしゆびのひもを、右手のこゆびにうつします。

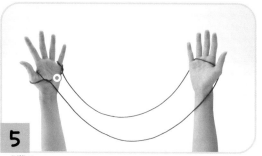

5

左手のひとさしゆびのひもをはずします。つぎに、右手のひとさしゆびで◉のひもをとります。

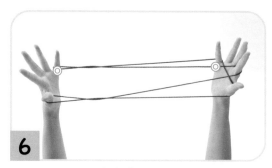

6

とりおわったかたち。おやゆびで◎のひもをとります。

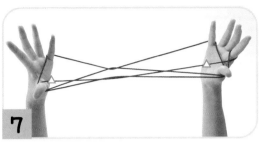

7 こんどは、ひとさしゆびで△のひもをとります。

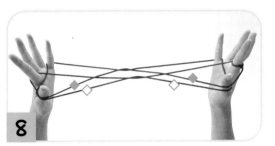

8 とりおわったかたち。つぎに、おやゆびの◆のひもをはずさないで◇のひもだけをはずします。

できあがり

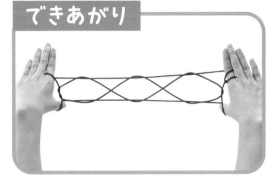

りょうてのこゆびのひもをはずして、てのひらをむこうにむけると、「**さかなとりあみ**」のできあがり。

あそんでみましょう

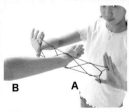

1 **B**さんが、むこうからまんなかのあなに手をいれます。**B**さんの手が、さかなになります。

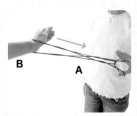

2 **A**さんが右手のおやゆびとひとさしゆびのひもをはずして、ひもを左にひっぱると、さかなが「あみ」につかまります。

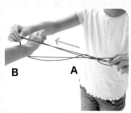

3 こんどは右手でもち、左手のおやゆびとひとさしゆびのひもをはずします。そのまま、右手でひもをひっぱりながら、ひもから左手をはなすと、

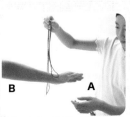

4 さかなが「あみ」からぬけだしました！

ボートとあみ

61ページの「4だんばしご」のできあがりから
はじめます。「4だんばしご」のつくりかたは
60～61ページをみてね。

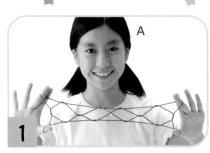

1 Aさんが「4だんばしご」をつくります。

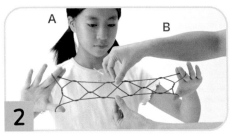

2 Bさんが、おやゆびとひとさしゆびで、このようにひもをつまみます。

3 ひもを上下にひっぱると、

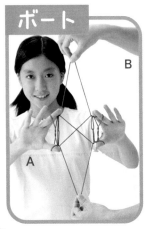

ボート

「**ボート**」のできあがり。

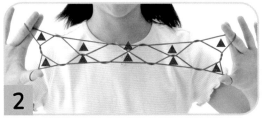

2 Bさんが▲に、りょうてのおやゆび、ひとさしゆび、なかゆび、くすりゆび、こゆびを1本ずついれます。

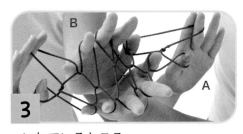

3 いれているところ。

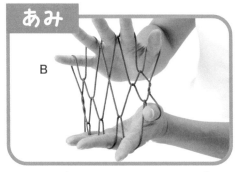

あみ

Aさんが、りょうてのひもをはずします。Bさんが、りょうてのゆびをひらくと、「**あみ**」のできあがり。

あやとりゲーム

ヨーロッパでは「ねこのゆりかご」とよばれるあやとりだよ。

Aさん、Bさんふたりでむかいあってはじめましょう。

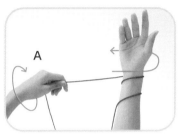

まず、**A**さんが→のほうこうに、りょうてのてくびにひもをまきつけます。

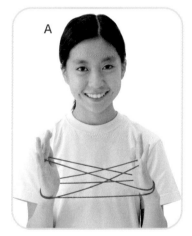

まきつけたら、りょうてのなかゆびでてくびのひもをとりあって、このように「あやとりゲーム」のさいしょのかまえをつくります。

あやとりゲームをはじめましょう

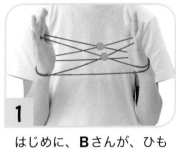

1

はじめに、**B**さんが、ひもがこうさする●のぶぶんを、りょうてのおやゆびとひとさしゆびで、よこからはさんでつまみます。

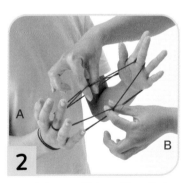

2

つまんでいるところ。そのまま手を左右にひらいて、

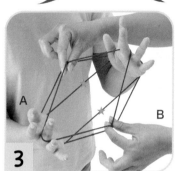

3

★のひもを下からすくいあげてとります。

つぎのページにつづくよ

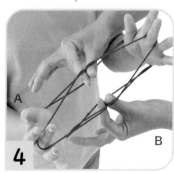

4

すくいあげているところ。

※しゃしんの手のむきがかわるよ。むきがあっているか、ちゅういしてよんでね。

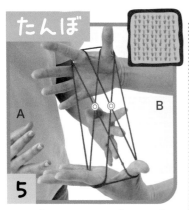

たんぼ

5

ゆびをひらくと「**たんぼ**」
のできあがり。

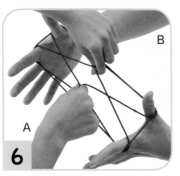

6

つぎに、**A**さんが、ひもが
こうさする◎のぶぶんを、
りょうてのおやゆびとひと
さしゆびで、はさんでつま
みます。

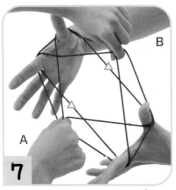

7

つまんだら、そのまま手を
左右にひらいて、

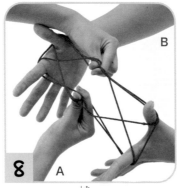

8

△のひもを下からすくいあ
げてとります。

かわ

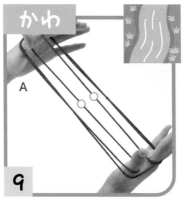

9

ゆびをひらくと「**かわ**」の
できあがり。

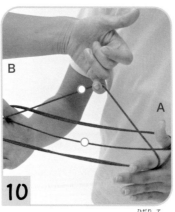

10

こんどは、**B**さんが、左手
のこゆびのはらで、右の○
のひもをとります。

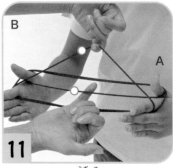

11

つづいて、右手のこゆびの
はらで、左の○のひもをと
ります。

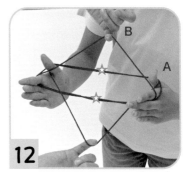

12

とったら、そのまま手を左
右にひらいて、☆のひもを
おやゆびとひとさしゆびで
下からすくいあげてとりま
す。

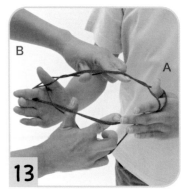

13

すくいあげているところ。

124

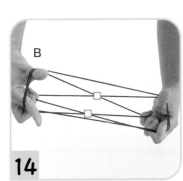

14

これから、**A**さんが、ひもがこうさする□のぶぶんを、りょうてのおやゆびとひとさしゆびで、下からはさんでつまみます。

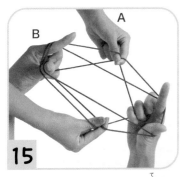

15

つまんだら、そのまま手を左右にひらきながら上にあげ、

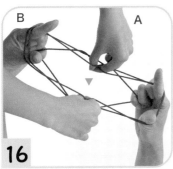

16

▼に上からりょうてをいれて、左右におしひらいてとります。

たんぼ

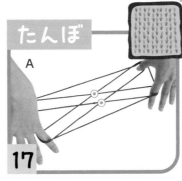

17

また「**たんぼ**」のできあがり。

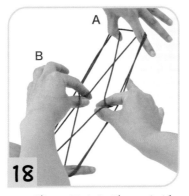

18

つぎに、**B**さんが、ひもがこうさする◉のぶぶんを、りょうてのおやゆびとひとさしゆびで、上からつまみます。

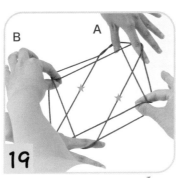

19

つまんだら、そのまま手を左右にひらいて、★のひもを下からすくいあげてとります。

ダイヤ

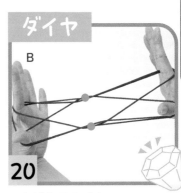

20

ゆびをひらくと「**ダイヤ**」のできあがり。

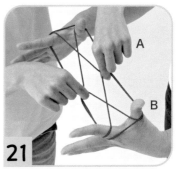

21

こんどは、**A**さんが、ひもがこうさする●のぶぶんを、りょうてのおやゆびとひとさしゆびで、はさんでつまみます。

まだつづくよ つぎのページをみてね

125

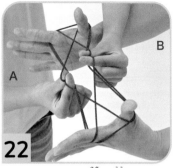

22

そのままゆび先（さき）を上（うえ）にむけ、りょうてを左右にひらきます。

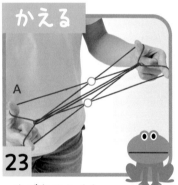

かえる

23

ゆびをひらくと「**かえる**」のできあがり。

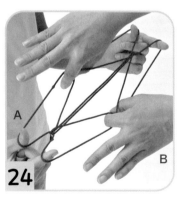

24

つぎに、**B**さんが、ひもがこうさする○のぶぶんを、りょうてのおやゆびとひとさしゆびで、はさんでつまみます。

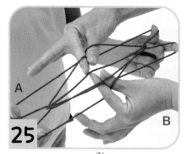

25

まんなかの2本（ほん）のひものあいだに、下（した）からゆびをだして、

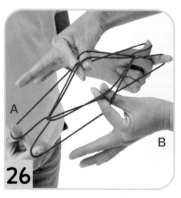

26

そのまますくいあげてとります。

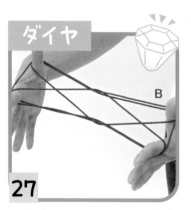

ダイヤ

27

ゆびをひらくと、また「**ダイヤ**」のできあがり。

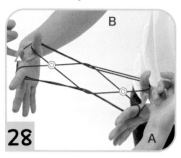

28

つぎに、**A**さんが、りょうてのこゆびのはらで、このように△のひもをひっかけます。

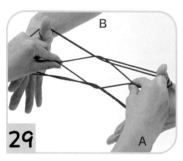

29

ひもをひっかけたまま、ひもがこうさする◎のぶぶんを、りょうてのおやゆびとひとさしゆびで、はさんでつまみます。

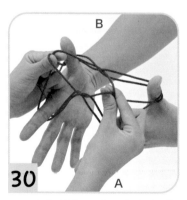

30

つまんだら、そのままゆび先（さき）を上（うえ）にむけるようにして、すくいあげてとります。

つづみ

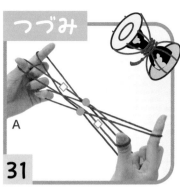

31

ゆびをひらくと「**つづみ**」のできあがり。

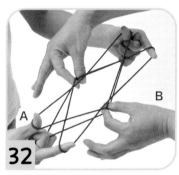

32

こんどは、**B**さんが、ひもがこうさする●のぶぶんを、りょうてのおやゆびとひとさしゆびで、はさんでつまみます。そのときに、◇のひもをつままないようにきをつけます。

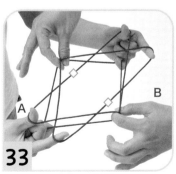

33

そのまま手を左右にひらいて、

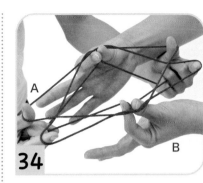

◇のひもを下からすくいあげてとります。

34

かわ

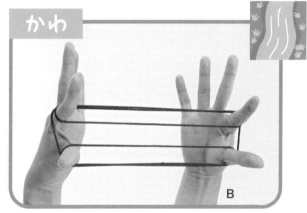

ゆびをひらくと「**かわ**」にもどりました。

＼じょうずにできたかな？／

とりかたによって、とちゅうのながれがかわるよ。ちがうとりかたもためしてみてね。

124ページの**10**にもどって、またつづけてね。おおぜいであそんでもたのしいね。

監修

野口廣 （Hiroshi Noguchi）

理学博士、国際あやとり協会創設者、数学オリンピック財団元理事長、東北帝国大学数学科卒業後、ミシガン大学留学、イリノイ大学客員教授、早稲田大学理工学部を経て、早稲田大学名誉教授を務めた。専門のトポロジーを介して40歳を過ぎてあやとりに出合い、世界のあやとり愛好家とともに国際あやとり協会を設立し、あやとり文化の普及に努めた。著書は『トポロジーの世界』（ちくま学芸文庫2009年）をはじめ、専門の学術書のほか、あやとり関連の著書多数。2017年逝。

モデル

島津 香　島津理香

あやとりを教えてくれたおともだちは、しまづりかちゃんと、ママのしまづかおりさんです。りかちゃんは、のぐちひろしせんせいの、おまごさんで、あやとりがだいすきです。

参考文献
『母と子のたのしいあやとり遊び』野口廣著　梧桐書院（1979年）
『たのしいあやとり全集』野口廣監修　主婦と生活社（2001年）
『みんなであそぼう！やさしいあやとり』野口廣監修　成美堂出版（2003年）
『あたらしいあやとり』野口廣編著　土屋書店（2004年）

参考資料
p.44 ねずみの顔
String Figure Magazine（国際あやとり協会発行）Volume5,number4 December 2000
collected by Axel Reichert from a Nigerian fellow visiting Germany.
p.52 メガホン
String Figure Magazine（国際あやとり協会発行）Volume3,number4 December 1998
collected by Frank E. Lutz as 'Fish Trap' from the Patomana people of Guyana.
p.82 ぴかぴか星
String Figure Magazine（国際あやとり協会発行）Volume2,number4 December 1997
Collected by Lyle A.Dickey from the people of the Hawaiian Islands.
p.116 ジェット機
String Figure Magazine（国際あやとり協会発行）Volume7,number2 June 2002 by
Michael Jackson, Michelle Jackson,and Kel Watkins of Australia.

協力　野口とも（国際あやとり協会）
装丁・本文デザイン　横田洋子
イラスト　佐古百美
撮影　山根千絵　松木 潤（主婦の友社）
編集協力　（株）童夢　高橋美加子
編集担当　森信千夏（主婦の友社）

新装版　やさしいあやとり

2024年1月31日　第1刷発行
2024年4月10日　第2刷発行

著　者　野口廣
発行者　平野健一
発行所　株式会社主婦の友社
　　　　〒141-0021　東京都品川区上大崎3-1-1 目黒セントラルスクエア
　　　　電話 03-5280-7537（内容・不良品等のお問い合わせ）
　　　　　　　049-259-1236（販売）
印刷所　大日本印刷株式会社

© Tomo Noguchi 2023　Printed in Japan
ISBN 978-4-07-456444-6